자폐스펙트럼장애와 발달장애를 위한 놀이치료

Robert Jason ...–1속, 이영애, 김지은 옮김

Σ 시그마프레스

자페스펙트럼장애와 발달장애를 위한 놀이치료 가이드북

발행일 | 2020년 9월 10일 1쇄 발행

저   자 | Robert Jason Grant
역   자 | 유미숙, 이영애, 김지은
발행인 | 강학경
발행처 | ㈜시그마프레스
디자인 | 고유진
편   집 | 김은실

등록번호 | 제10-2642호
주소 | 서울특별시 영등포구 양평로 22길 21 선유도코오롱디지털타워 A401~402호
전자우편 | sigma@spress.co.kr
홈페이지 | http://www.sigmapress.co.kr
전화 | (02)323-4845, (02)2062-5184~8
팩스 | (02)323-4197

ISBN | 979-11-6226-272-6

Play-Based Interventions for Autism Spectrum Disorder and Other Developmental Disabilities

* 책값은 뒤표지에 있습니다.
* 이 도서의 국립중앙도서관 출판예정도서목록(CIP)은 서지정보유통지원시스템 홈페이지 (http://seoji.nl.go.kr)와 국가자료종합목록 구축시스템(http://kolis-net.nl.go.kr)에서 이용하실 수 있습니다.(CIP제어번호 : CIP2020034828)

역자 서문

임상현장에서 아동을 만나면 기대감에 설레인다. 역시 성인보다는 짧은 시간에도 눈에 띄게 변화하는 모습이 관찰되기 때문이다. 그러나 아동이 가지고 있는 장애나 어려움의 정도에 따라 몇 배의 노력이 필요하기도 하고 그들의 부모를 돕기에 제한적이어서 안타까울 때가 있다. 바로 자폐스펙트럼장애와 기타 발달에 어려움을 보이는 발달장애 아동을 만날 때이다. 임상가도 지치고 부모도 지치기 쉬운 대상이기 때문이다.

임상가가 이런 아동들에게 놀이를 통해 효과적으로 접근하는 방법을 소개하며 부모에게도 가르쳐 가정에서도 발달을 촉진할 수 있는 노하우를 전수해 줄 바이블 같은 책이 바로 자폐스펙트럼장애와 발달장애를 위한 놀이치료 가이드북이다. 이 책의 원저자인 Robert Jason Grant 박사는 교육학 박사이고 여러 분야의 임상전문가이며, 특히 미국놀이치료학회의 전문가로 자폐를 돕는 전문가이기 때문에 이론적 근거에 의해 임상현장에서 적용할 수 있는 방법들을 소개하는 모든 글은 자폐증상을 가지고 있는 내담 아동과 청소년을 돕는 나침판이 될 것이라 기대한다.

이 책이 번역할 가치가 있을지를 (주)시그마프레스의 조한욱 차장님이 물어왔을 때 나는 이 책을 누구보다도 가슴으로 이해하고 번역할 두 사람을 떠올렸다. 20년 내외로 현장에서 이러한 아동들을 만나고 그들의 부모들에게 구체적인 방법을 가르치던 이영애 교수와 김지은 박사를 떠올렸다. 두 사람은 현장의 전문가 경력과 함께 현재도 대학원에서 놀이치료와 발달장애 아동들에게 도움이 되는 교육과 치료방법을 후학들에게 가르치는 데 혼신을 다하는 학자이기도 하기 때문이다.

　두 전문가의 수락으로 번역을 시작했지만 임상과 교육을 동시에 담당하고 있는 여건에서 번역은 오랜 시간이 걸렸다. 아직도 문장의 매끄러움이나 여기서 소개하는 놀이도구들의 설명은 부족할지도 모른다. 그러나 더 지체하기보다는 빨리 소개하는 것이 나을 것 같아 이제는 세상에 내놓으려고 한다.

　자폐장애나 유사한 어려움을 보이는 아동에게 놀이로 접근하여 아동도 행복하고 부모도 전문적 능력을 향상시킬 수 있는 교재라는 데는 손색이 없으리라 확신한다. 매일 아이들과 씨름하는 임상가나 부모가 이 책의 내용을 숙지하여 자녀와 즐거움을 함께 공유하는 시간 속에 아이를 성장시킬 수 있는 데 힘을 보탤 것을 기대한다.

　오랜 시간 동안 기다려주신 (주)시그마프레스의 강학경 사장님과 편집부 가족에게 감사의 마음을 전한다.

　이 책을 통해 임상가와 부모들이 수월하게 아동을 도울 수 있는 기술을 터득하길 기대하며 그들이 만나는 아동들이 행복하길 염원한다.

2020년 봄
유미숙 드림

추천의 글

Robert Jason Grant 박사를 알게 된 것은 매우 영광스러운 일이다! 우리가 놀이치료 워크숍에 참여하기 위해 다른 주로 출장을 다니면서 보잘것없는 시작을 했을 때부터, 이제는 우리 자신의 워크숍을 진행하고 있는 현재까지, 그 시간은 대단한 여정이었다. 일단 당신이 Robert를 만난다면 '진품'을 만났다는 것을 알게 될 것이다. 나에게는 Robert의 이 책에 대해 몇 마디 할 수 있는 특권이 주어졌다.

"만약 당신이 자폐증상을 가진 한 사람을 안다면, 당신은 자폐증상을 가진 오직 단 한 사람만을 아는 것이다."라는 말처럼, 자폐스펙트럼장애는 진단하고 치료하기에 어려운 장애이다. 아동과 아동의 가족들이 느끼는 정서적 피해는 압도적이고 소모적이다. 지역사회 자원은 턱없이 부족해서, 가족들은 소아과 의사나 치료자부터 언어치료사와 작업치료사까지 여러 방향에서 도움을 받아야 한다고 느낄 것이다. 바로 이 이유 때문에, 자폐스펙트럼장애에 대한 작업을 하는 모든 치료자들은 아동에게 최상의 치료 성과를 찾는 일에 투자해야 하고 열정을 다해야 한다. Robert Jason Grant 박사는 바로 이 일을 하였고, 따라서 이 책은 이 분야에 있는 모든 사람들에게 중요한 자료가 될 것이다.

이 책은 자폐스펙트럼뿐 아니라 발달장애로 인한 정서 조절 곤란, 사회성 기술 결핍, 그리고 다른 사람과 관계를 맺는 것에 어려움을 가진 아동과 작업하는 전문가들에게 해결책을 제시하였다. 그는 이 진단의 주된 특징에 대해 명확하고 간결하게 설명할 뿐 아니라 아동에게 나타나는 증상에 대해 자세하게 묘사하여 설명한다. 내가 개인적으로 Robert의 책에서 가장 가치 있게 여기는 것은 이 아동들이 정서적으로 좀 더 조절이 되고, 구체적인 사회성 기술을 배우고, 다른 사람과 더 진실한 관계를 맺도록 돕는 연구가 중심이 된, 의미 있는 개입들이다. 나는 나의 내담자들이 진전되는 것을 보면서, 이는 Robert의 자폐치료 이론과 이들을 대상으로 저술한 그의 책들 덕분이라고 생각한다.

이 책을 읽는 모든 전문가들이 자폐증이나 다른 발달장애를 가진 내담자들에게 사용할 수 있는 또 다른 전략들을 배우면서 기쁘고 흥분될 것이라 확신한다. 이런 내담자들과 작업하는 우리와 같은 전문가들이 이렇게 되어야 한다고 생각한다. Robert가 우리 팀에 있는 것은 우리 모두에게 큰 행운이다.

Tracy Turner-Bumberry, LOC, RPT-S, CAS
Finding Meaning in Mandalas: A Therapist's Guide to Creating Mandalas with Children 저자

감사의 말씀

자폐스펙트럼장애와 특별한 도움이 필요한 아동과 청소년을 대상으로 한 책들, 강연자들, 그리고 옹호자들이 많이 있다. 나는 나에게 끊임없이 영감을 주고 용기를 북돋아 준 이들에게 감사의 마음을 전한다. 치료를 할 때 참여해 주고 자녀를 나에게 맡겨 준 모든 부모님들에게도 큰 감사의 마음을 전한다. 나는 당신과 당신의 자녀들에게 전해 준 것보다 더 많은 것을 배웠고, 당신이 자녀의 좀 더 나은 삶을 위해 하루 24시간, 일주일의 7일 내내 임무를 다하고 쉼 없이 지지하고 노력한 것을 알고 있다.

이 책을 검토해 주고 매우 소중한 피드백을 준 Cherie L. Spehar, Audrey Gregan Modikoane, Tracy Turner-Bumberry, Carrie Vaughan Boone, Shannon Anderson, Emma De La Cruz, tamara Newcomb, Ahn Elliot, 그리고 John Laskowski에게 큰 감사의 마음을 전한다. 당신들은 내가 좀 더 완전하고 신중한 결과물을 만들 수 있도록 도움을 주었다. 당신들이 준 시간과 재능에 매우 감사드린다.

Liana Lowenstein, 당신의 모든 도움과 조언과 관대함에 감사드린다. 당신은 나에게 큰 롤 모델이 되어 주었다. 당신의 예시가 없었다면 나는 이 책을 쓰지 못했을 것이다.

놀이치료협회, 미주리 주 놀이치료협회, 그리고 나의 모든 놀이치료 친구들과 동료들에게도 감사드린다.

Joann Lara에게도 감사드린다. 당신은 위대한 자폐증 옹호자이고, 대단한 친구이자 지지자이다. 나는 우리의 삶이 연결되어 있어 참 행복하다. 당신은 세상에서 내가 보기 원하는 변화를 위해 나를 움직이고 행동할 수 있도록 이

끌어주었다.

　대단한 지지 집단인 Amazing Autism Authors에도 감사드리고 내가 여기에 속해 있다는 것이 기쁘다. Southwest Missouri Autism Network(SWAN)에도 감사드린다. Dayna Busch와 The Missouri Autism Report, 그리고 내 커뮤니티에 있는 모든 부모들, 지지집단들, 그리고 전문가들. 나는 매일 당신들 모두에게 배우고 있고 당신들 모두를 알게 된 것과 훌륭한 자폐증 커뮤니티의 한 일원인 것을 큰 축복으로 여기고 있다!

　내가 가장 크게 감사의 마음을 전하는 것은 나의 가족과 친구들이다. 이들은 모두 나에게 지지와 격려를 보내주었다. 그리고 내가 아무것도 가지고 있지 않았을 때 나에게 동기와 끈기를 주고 이 책을 쓸 수 있게 하는 큰 선물을 주신 하나님께 감사드린다. 예수님은 그들을 보시고 "사람으로는 할 수 없으되 하나님으로서는 다 할 수 있느니라."(마태복음 19:26)라고 말씀하셨다. 나는 하나님과 가능한 것에 대해 매일 감사하고 감사드린다!

서론

이 책은 자폐스펙트럼 장애(autism spectrum disorder;ASD)와 발달장애를 가진 아동들과 청소년들을 상담하는 치료자들을 위해 쓰여졌다. 자폐스펙트럼장애(autism spectrum disorder), 발달장애(developmental disorder), 발달이상(developmental disabilitiy)과 신경발달장애(neurodevelopmental disorder) 라는 용어들은 제시된 정보에서 용어상에 차이가 필요하지 않을 때, 때때로 함께 혼용되어 사용될 수도 있다. 이 책에 제시한 놀이-기반 개입들은 사회성 기술 기능, 정서 조절, 그리고 관계 맺기와 관계 발달을 증진시키기 위해 고안되었다. 위에 제시한 증상들은 대부분의 발달장애에서 어느 정도 나타난다. 이 책에 제시된 개입들은 발달장애를 가진 대부분의 아동과 청소년이 가지고 있는 특정 학습 방식과 기술 습득에 대한 세부사항을 다루기 위해 고안되었다.

이 책에 제시된 놀이-기반 개입들은 아동 또는 청소년의 기능 수준에 적절한 좋은 치료 접근을 통해 그들이 필요한 기술을 얻을 수 있도록 돕는다. 치료자들은 이 책에 제시된 놀이-기반 개입들을 쉽게 이해하여 실시할 수 있고 그것을 자신만의 방법으로 더 많이 발전시킬 수도 있다. 정신건강치료, 작업치료, 그리고 언어치료 등과 같이, 다양한 영역에서 상담하는 전문가들도 이 책에 제시된 개입들을 실시하였다. 더 나아가 놀이치료센터, 학교, 보호기관, 병원들, 그리고 클리닉과 교육환경과 같은 다양한 장소에서도 이 개입들을 실시하였다.

부모에게 이 책에 제시된 놀이-기반 개입들을 지도할 수 있고, 부모는 가정에서 자신의 자녀와 다른 가족들과 함께 이 활동을 실시할 수 있다. 특히 강조되는 것은 부모를 대상으로 할 때 부모가 쉽게 이해하여 실시할 수 있는 개입 방법을 고안해야 한다는 것이다. 아동이나 청소년이 자신의 결핍된 기술을 증진시키기 위해 더 많이 연습할수록, 이를 이룰 수 있는 기회가 더 많아지는데, 이 과정에서 부모는 중요하고 도움이 되는 역할을 할 수 있다.

이 책의 처음은 ASD와 발달장애를 가진 아동 및 청소년과 작업할 때 특별히 고려해야 하는 점을 다루고 있다. 몇몇 치료자들은 이 책에 제시된 개입들을 주의력결핍과잉행동장애(ADHD), 기분장애, 그리고 적응문제를 가진 아동들과 같은 다른 대상들에게 사용했다고 보고했지만, 이 책은 특별히 ASD와 발달장애를 가진 내담자들에게 놀이-기반 개입들을 실시하는 것에 초점을 두었다. 이 책의 첫 장에는 놀이-기반 개입들 중 그 어떤 것이라도 실시하기 전에 심사숙고하고 고려해야 할 몇 가지 내용이 제시되어 있으므로, 치료자들은 첫 장에 특별히 주의를 기울여야 한다. 기본적으로, 이 책은 아동과 청소년이 필요한 기술을 발달시킬 수 있도록 돕는 것을 목적으로 한 치료 계획과 접근법을 실행하는 도구 역할을 한다.

• 차례 •

5 사회성 기술 개입

6 관계 맺기 개입

치료에서 고려할 점

자폐스펙트럼장애와 발달장애

이 책은 자폐증과 발달장애에 대한 완벽하고 심도 있는 설명을 제공하기 위한 것이 아니다. 지시적인 놀이-기반 개입들을 실시하는 것과 관련하여 치료자들이 자폐증과 발달장애에 대해 더 잘 이해할 수 있도록 다음과 같은 간단한 개요를 제시하였다. 자폐증과 발달장애에 대해 더 알기를 원하는 사람들을 위해 부록에 추천도서 목록을 제시하였다.

자폐스펙트럼장애(ASD)는 평가자가 다양한 검사, 평가, 그리고 관찰을 통해 아동 또는 청소년의 행동을 측정하는 철저한 심리평가 이후 제공되는 진단통계편람(Diagnostic and Statistical Mannual)의 진단이다. 이 장애는 스펙트럼장애로 간주되는데 이는 ASD 장애를 가진 사람들 내에서 그 증상의 강도가 중증에서부터 경증까지 다양하다는 것을 의미한다. 가변성을 설명할 때 사용되는 일반적인 용어에는 높은 기능 또는 낮은 기능, 중증의 손상 또는 경증의 손상이 포함된다. ASD 아동과 청소년은 유사한 문제 영역을 가질 수 있지만, 그들의 어려움의 심각성과 다른 증상들의 존재 또는 부재(미숙한 소근육, 정상 지능, 증가된 구어발화 또는 감소된 구어발화)는 다양할 것이다 (Coplan, 2010).

ASD 아동과 청소년은 거의 대부분 다양한 증상들을 보이거나 보일 수 있다. 몇몇 수준에서 각 아동에게 나타나는 가장 일반적인 증상에는 사회성 기술과 기능에서의 손상이 포함된다. 의사소통에서의 손상, 자기조절과 정서조절 능력에서의 손상, 다른 사람과의 의미 있는 관계와 연결을 시작하고 만들어가는 것의 어려움, 제한되고, 반복적이고, 정형화된 행동, 관심, 그리고 행동 패턴들, 감각처리 과정 문제들, 전환과 변화 처리의 어려움 등이다 (Exkorn, 2005).

놀이 기술에 있어서, ASD 아동과 청소년은 일반적으로 가상 또는 상상 놀이 영역과 또래 또는 집단 놀이 영역에서 어려움을 겪는다. 또래 또는 집단 놀이에서, ASD 아동과 청소년은 일반적으로 친구를 사귀기 원하고 다른 또래들과 상호작용하고 싶어 하지만 상호작용을 성공적으로 할 수 있는 사회적 능력과 기술들이 매우 부족하다. 그러므로 어떤 형태로든지 상호작용하려는 시도는 거의 대부분 거절되고 ASD 아동은 불안을 경험한다. 거절당할 수밖에 없는 방법으로 또래와 관계 맺으려는 시도를 반복하는 것은 다른 사람들에게 또래와 관계를 맺는 것에 관심이 없는 것으로 인식될 수 있다. 실제로, 이것은 더 이상의 거부감을 회피하기 위해 학습된 행동일 수도 있다. 직접적인 놀이 개입들은 아동과 청소년이 또래와 좀 더 성공적으로 상호작용하고 집단이나 또래 놀이에서 좀 더 충분히 참여할 수 있는 사회성 기술을 학습하도록 도움을 줄 수 있다.

ASD 아동에게도 가상 놀이와 상상 놀이 기술들이 향상될 수 있지만 이 기술들은 더 큰 도전을 제시한다. 가상 놀이와 상상 놀이에서의 결함 때문에, 치료자는 추상적 사고, 가상 놀이, 그리고 은유를 많이 사용하는 놀이-기반 개입은 피해야 한다(특별히 이 기술을 향상시키는 작업을 할 때를 제외하고는). 놀이-기반 개입들은 구체적이어야 하고 아동과 명확하게 의사소통되어야 하고 아동의 문제를 사실 그대로 다루어야 한다.

다음의 예는 ASD 아동과의 놀이접근을 강조한 것이다. 한 ASD 아동은 학교에서 괴롭힘을 당하는 어려움을 겪고 있다. 일반 아동들의 놀이처럼, 치료자는 개구리와 여우 퍼펫을 가지고 여우가 개구리를 괴롭히지만 마침내 개구리가 대처 기술들을 배우고 적절한 반응으로 그 문제를 해결하는 장면을 보여줄 수 있다. 그 아동에게 이것은 너무 많은 은유에 근거한 놀이일 수 있으므로, 그 아동은 자신의 상황에 이 정보를 적용하지 않을 것이다. ASD 아동에게 보다 적절한 접근법은 두 명의 사람 퍼펫을 고르고 하나는 아동으로 나

머지 하나는 아동을 괴롭히는 아이로 명칭을 붙이는 것이다. 그다음 치료자
는 계속 아동이 자신에 대한 이야기를 이해했는지와 아동이 괴롭히는 아이에
게 할 수 있는 반응을 이해했는지 확인할 수 있다. ASD 아동과 청소년은 일
반적으로 구체적이고 융통성 없는 사고를 하므로, 은유나 추상적 내용이 많
은 놀이 개입을 자신에게 적용하거나 연결하지 않을 수 있다.

　DSM-5 5판(2013)에서는 ASD를 신경발달장애로 분류하였다. 이 범주에
있는 다른 장애들에는 주의력결립 과잉행동장애와 뚜렛장애가 있다. 몇몇
다른 발달장애들 역시 이 범주에 포함되어 있다. 질병관리센터(The Centers
for Disease Control)(2014)에서는 발달장애들(developmental disabilities)을 신
체, 학습, 언어, 또는 행동 영역에서의 손상으로 인한 질병군이라고 하였다.
이 질병들은 발달시기 동안 시작되고 일상 기능에 영향을 주고, 일반적으로
한 사람의 일생 동안 지속된다. 일반적인 발달장애들(developmental disorders
disabilities)에는 뇌성마비, 취약 X(fragile X) 증후군과 다운 증후군이 포함된
다. 신경발달장애, 발달장애로 분류되든지, 발달 이상으로 분류되든지 간에,
이 다양한 질병들은 사회적 기능과 정서 조절 어려움이라는 용어에서 유사한
증상을 공유하고 있다. 놀이-기반 개입들은 이런 질병들과 관계된 증상 영
역을 다루고 이를 향상시키는 데 도움을 줄 수 있다.

　ASD 또는 그 외의 발달장애를 가진 아동 및 청소년과 함께 작업을 하는
치료사들은 놀이-기반 개입들이나 치료를 실시하기 전에 이 복합적인 질병
과 관련된 많은 양상에 대해 철저하게 교육받아야 한다. 치료자들에게 ASD
와 발달장애에 대해 진단에서부터 일반적인 증상들, 치료 접근법들, 아동 또
는 청소년과 그의 가족들에게 미치는 큰 영향까지 더 많이 학습할 수 있도
록 권해야 한다. 이 장애에 대한 적절한 교육은 놀이-기반 개입이 더 성공적
으로 실시되도록 이를 강화하고 향상시킬 것이다. 편집을 위해, 이 책에서는
대부분의 발달장애에 적용되는 증상학을 논할 때 종종 ASD를 언급할 것이
다. 이 책에서 다루고 있는 놀이-기반 개입들은 대부분의 발달장애에 수반
되는 공통의 결함과 어려움을 다룬다. 이런 어려움에는 사회성 기술과 기능,
정서 조절, 그리고 적절한 관계 맺기가 포함된다. 각 발달장애에는 특수하고

독특한 특성과 어려움이 포함되어 있다. 치료자들에게는 함께 작업하는 아동이 진단받은 특정 발달장애에 대한 인식을 높이도록 권고해야 한다.

관계 발달과 라포

어떤 개입이 실시되었든지, 아동에 대한 치료목표 실현의 핵심은 치료자-아동 간의 관계이다. 치료자와 아동 간에 발달하는 라포는 치료 성과의 토대를 형성한다. 치료적 동맹이 이루어지면, 치료자는 아동이 수용되고, 이해받고, 존중받고 있다고 느끼도록 안전감을 조성해야 한다(Lowenstein, 1999). 놀이-기반 개입들을 사용하면 아동이나 청소년과 매우 구조화되고 지시적인 회기를 갖게 된다. 놀이-기반 개입들의 지시적인 요소가 치료자와 아동의 좋은 라포와 관계 발달이라는 중요성보다 더 강조되어서는 안 된다.

　어떤 치료적 접근을 하든지, 가장 중요한 것은 관계 형성이 중심이 되는 것이다. 치료자들은 치료가 시작되고 진행되는 동안 아동, 청소년, 그리고 함께 작업하는 부모와의 관계형성을 위해 시간을 보내야 한다. 지시적인 방법으로 개입을 실시할 때, 그 방법이 얼마나 대단한지와 관계없이, 치료자와 아동 간의 적절한 관계와 라포 없이는 그 효과가 매우 적을 것이다. 본질적으로, 개입을 가치 있게 만드는 것은 관계이다. 올바른 마음가짐으로 개입을 하면, 좀 더 나은 결과를 얻게 될 것이다.

치료 계획 세우기와 목표 설정

치료자가 심리이론을 이해하고 작업에 대한 이론적 근거를 가지는 것이 중요하다(Cavett, 2010). 지시적인 놀이-기반 개입은 항상 이론적 접근에 근거해야 한다. 이 책에 제시된 개입들은 기술 결함을 경험하고 있는 발달장애를 가진 아동이나 청소년을 다루기 위해 자폐치료(AutPlay Therapy)의 지시적인 놀이-기반 개입에 대한 실시요강을 따른다. 자폐치료는 ASD와 발달장애를 가진 아동 및 청소년에 대한 치료 개입이다. 자폐치료 접근법은 발달과 행동에 대한 방법론을 융합한 것이다. 자폐치료 접근법의 기반에는 인지행동치료, 행동치료, 그리고 인지행동 놀이치료, 부모-자녀 놀이치료, 그리고 치료

놀이와 같은 놀이치료 접근법들이 포함되어 있다. 더 나아가, 자폐치료에서는 다양한 사회성 기술 증진 프로그램 요소들을 결합하였다.

지시적인 놀이-기반 개입들은 특별히 아동이나 청소년이 개별적으로 겪고 있는 어려움과 관련된 문제이거나 기술 결함을 해결하기 위해 선택된다. 개입은 아동 치료 계획의 구성요소가 되어야 하고 치료목표와 일치해야 한다. 치료자들은 왜 그 개입이 특별한 아동을 위해 선택되었는지, 그 개입이 아동의 확인된 문제들이나 기술 결함을 다루는 데 어떻게 도움이 될 것인지, 그리고 그 개입이 아동의 치료목표를 어떻게 다루는지에 대해 전달할 수 있어야 한다. 치료자들은 또한 선택한 놀이-기반 개입이 실제로 목표로 삼은 아동의 기술 결함이 증진되는 데 도움을 주고 있고 아동이 자신을 위해 세운 치료 목표를 향해 진전되고 있는지를 평가하는 평가과정을 실시해야 한다.

발달장애 개입 만들기

ASD와 발달장애를 위해 이 책에서 제시한 놀이-기반 개입은 1) 설명은 간단히, 2) 소도구는 적게, 3) 다양한 환경에서 쉽게 실시하고, 4) 특정 기술 습득을 목표로 한다는 목적을 가지고 고안되었다.

1. 설명은 간단히 : ASD 아동들은 만약 설명이 너무 길거나, 복잡하거나, 개입을 끝내는 데 너무 많은 단계가 있다면, 그 개입에 잘 집중하지 못하고 잘 참여하지 않을 수 있다. 단계가 많은 개입에서는, 때로는 한 번에 하나씩 각 단계를 제시하고 아동이 한 단계를 끝내면 다음 단계를 설명하는 것이 도움이 된다.

2. 소도구는 적게 : ASD와 발달장애를 가진 아동은 너무 많은 장난감, 소도구들, 그리고 너무 많은 미술 재료들이 주변에 있거나 많은 재료들을 사용할 수 있게 되면 주의가 흩어지거나 과잉각성이 될 수 있다. 소도구를 단순하게 해서 개입에 집중하게 하면 아동이 계속 집중해서 참여하게 되고 결국 개입을 성공적으로 끝낼 수 있을 것이다. 치료자들은 어느 정도 주의 산만할 가능성이 없거나 낮은 환경에서 개입을 제시하고 싶을

것이다.

3. **다양한 환경에서 쉽게 실시한다** : 아주 다양한 치료자들이 다양한 환경에서 ASD와 발달장애를 가진 아동과 작업한다. 이 책에 제시된 기법들은 놀이치료실, 학교 상담실, 심지어는 치료자나 부모가 개입을 실시할 수 있는 가정 내 환경과 같은 다양한 환경 속에서도 전달될 수 있게 고안되었다.

4. **특별한 기술 습득을 목표로 한다** : 이 책에 제시된 개입들은 이론적 기반에 근거를 두고 있고 특별히 특정 아동이나 청소년이 어려움을 겪고 있는 기술 결함이나 문제를 해결할 수 있는 것으로 선택되어야 한다. 치료 중인 개별 아동이나 청소년에 대한 개입은 치료 계획이나 목표와 일치하거나 그 일부가 되어야 한다.

ASD와 발달장애를 가진 아동들에 대해 자신만의 놀이-기반 개입을 만들고 싶어하는 치료자들에게는 위에 제시한 지침을 따를 것과 부록에 제시한 기록지를 활용할 것을 권한다. 몇 가지 부가적인 고려점은 다음과 같다.

- 개입에는 구조화되고, 지시적이지만, 재미있는 접근을 가능한 많이 포함시켜야 한다.
- 가능하면, 부모에게 개입을 가르쳐서 부모가 가정에서 실시할 수 있게 해야 한다.
- 개입은 여러 번 반복할 수 있고 같은 기술이라도 다른 개입들에서 다룰 수 있다는 것을 고려해야 한다.
- 개입은 단순한 것에서 좀 더 복잡한 것으로 조정할 수 있어야 하고, 아동의 발달에 따라 복잡하게 진행할 수 있어야 하고, 다른 기능 수준에 있는 아동들에게도 적용 가능해야 한다.
- 개입은 구체적이고 아동 또는 아동의 상황을 다루고 있는 것이어야 한다.
- 가능하면, 개입에는 하나 이상의 요소들이 결합되어야 한다(사회성, 정서 조절, 불안 감소, 감각처리, 관계 맺기 등).

● 치료자는 개입을 촉진하는 것과 새로운 기술을 가르치는 것에 있어서 융통성을 가져야 한다. 일반적으로 심리교육 모델을 사용할 수 있다.

2 지시적인 놀이-기반 개입 실시하기

놀이의 힘

놀이는 모든 아동의 언어로 간주된다(Landreth, 1991). 아동이 놀이를 하면서 얻는 혜택에는 인지발달(학습하기, 사고하기, 그리고 계획 세우기 등), 사회성 기술(사회적 상호작용, 역할, 하루일과 연습하기), 언어(다른 사람을 이해하고 대화하기, 주고받기 등), 문제해결(협상, 도움 요청하기, 문제 해결하기 등), 그리고 정서 발달(감정 잘 다루기, 다른 사람 이해하기, 공감하기 등)이 포함되어 있다. 놀이 기술이 우수한 아동들은 또래들과 더 잘 어울리므로, 놀이는 아동들에게 사회성 기술, 융통성, 핵심 학습 기술, 그리고 언어를 발달시키는 중요한 학습 도구이다. 또한 놀이는 아동들이 안전한 장소에서, '똑바로 해야 한다'는 압박 없이 사건, 상황, 그리고 일상적인 일을 연습할 수 있는 기회를 제공한다(Phillips & Beavan, 2010).

Sherratt와 Peter(2002)는 ASD 아동에게 놀이 개입과 경험이 매우 중요하다고 주장하였다. 그들은 자폐증을 가진 아동에게 놀이를 명확하게 가르치면 정서와 창조적 사고와 관련된 뇌 영역을 동시에 활성화시키는 것이 성공적으로 진행될 것이라고 하였다. 더 나아가, Thornton과 Cox(2005)는 ASD 아동들과 개별 놀이 회기를 가지면서 특별히 그 아동들의 어려운 문제들을 다루었다. 그들은 관계 발달, 주목받기, 주고받기, 즐거움, 그리고 구조화가 포함된 기법들을 결합하였다. 그들은 구조화된 놀이 개입을 하고 난 다음 아동의 부정적인 행동이 감소되었다는 연구결과를 통해 놀이 개입이 아동의 행동에 영향을 미쳤다는 것을 규명하였다.

Cross(2010)는 어떤 형태의 놀이라도 ― 구성놀이, 바깥놀이, 신체놀이 또는 협동놀이 ― 놀이는 아동이 학습하고 발달에 적절하게 성장할 수 있도록 돕고, 건강하고 생산적인 놀이는 이후의 발달에 큰 영향을 미친다고 하였다. Moor(2008)는 ASD 아동과의 놀이는 구조화와 관련 있다고 하였다. 놀이맥락에서, 선택, 자유, 그리고 발견은 일반적인 또래들에게 동기를 부여하지만 ASD 아동들에게는 놀이하고자 하는 동기를 주지 않는다. ASD 아동들에게는 구조화가 필요한데, 이는 그들 간에 많은 차이점이 있음에도 불구하고, 일반적으로 상호작용하고, 학습하고, 그리고 놀이하고자 하는 동기에 손상이 있기 때문이다. 그들은 사고하고, 말하고, 놀이하는 것에서도 완고하고 반복적인 패턴을 가지고 있으므로, 종종 동일성을 유지하는 것에 동기화된다.

많은 놀이치료와 놀이-기반 치료들은 특히 사회성 기술이 부족하고 의사소통이 빈약한 ASD 아동과 작업할 때 적절한 개입이 될 수 있다(Parker & O'Brien, 2011). 놀이-기반 개입은 ASD와 다른 발달장애를 가진 아동 및 청소년을 위한 효과적인 치료법으로서 더욱 더 타당성 있다는 연구자료를 얻고 있다. 치료자들은 놀이-기반 개입의 많은 유형들 ― 실외, 동작, 미술, 음악, 게임들, 그리고 소도구 중심 ― 을 통해 개별화된 치료를 할 수 있고 아동은 즐거우면서도 구조화된 접근방식에 참여할 수 있는데 이것은 다른 ASD 치료방법에서는 제공하지 않는 것이다.

이 책에서는 놀이-기반 개입과 관련하여 선호되는 지침을 제시하고, 각 개입에 적합한 수준을 표시한다. 수준은 아동, 청소년, 또는 아동과 청소년으로 표시된다. 이 책에 제시된 대부분의 개입은 아동의 연령을 반영하여 내용을 적절하게 조정한다면 3~18세의 아동들에게 사용할 수 있다. 또한 아동의 발달수준에 있어서 ASD나 발달장애를 가진 대부분의 아동들은 발달 연령이 자신의 생물학적 연령보다 더 어리게 나타날 수 있다는 점을 고려해야 한다.

치료자들은 함께 작업하는 모든 아동 및 청소년에게 이 책에 제시된 어떠한 개입이라도 시도하는 것을 주저하지 말아야 한다. 만약 개입이 아동의 생물학적 연령이나 발달 연령보다 너무 앞서 있다면 이것을 분명히 알 수 있을 것이고, 이와 비슷하게 만약 개입이 너무 기초적이라면 이것도 분명히 알 수 있을 것이다. 만약 치료자가 그 개입이 너무 앞선 것이거나 너무 기초적이라고 생각하면 개입을 조정하여 그 아동에게 적합하게 수정할 수 있다.

치료자 역할과 개입 수준

ASD와 발달장애를 가진 아동과 청소년이 다양한 지시적 놀이-기반 개입을 이해하고 완수할 수 있는 기능 수준과 능력은 광범위한 연속체로 나타날 것이다. 치료자는 이런 격차를 인지하고 각 아동이나 청소년의 기능 수준에 맞추도록 준비해야 한다. 어떠한 치료에 대한 촉진, 완료 및 처리에 대한 치료자의 개입이라도 아동의 기능수준에 따라 달라진다. 치료자들은 설명을 하면서 매우 지시적으로 관여하는 것부터, 적합한 기술만을 가르치는 것을 멈추고, 관찰자가 되어 아동 스스로 충분히 개입을 완성하고 처리하게 하는 것까지 어떤 개입이라도 할 수 있도록 준비해야 한다.

치료자들은 항상 아동이 스스로 할 수 있는 만큼 개입을 완수하고 처리하게 해야 한다. 그러므로 만약 치료자가 아동의 능력을 알지 못한다면, 치료자는 아동에게 개입해야 할 기능 수준을 추측하기 전에 가장 먼저 아동이 시도하도록 해야 한다. 만약 아동이 개입을 완수하는 데 어려움을 가지고 있다면, 치료자는 개입을 실시하는 동안, 필요하다면 차근차근 한 단계씩 끝내게 하면서, 조금씩 더 관여하고 지도해야 한다.

치료자들은 한 회기 중에도 언제든지 자신의 방법과 개입수준을 변화시킬 준비를 하고 있어야 한다. ASD와 발달장애를 가진 아동과 청소년은 완전히 자기 혼자서 개입을 완수할 수도 있고, 어떤 개입이라도 치료자의 도움 없이는 끝낼 수 없거나, 또는 개입의 일부분을 완수하다가 어떤 지점에서 막혀 치료자의 도움이 필요할 수도 있다. ASD 아동에게 지시적인 놀이 개입을 실시하는 치료자에게 핵심이 되는 자질은 관찰자에서 교육자로 조정하려는 의지와 융통성이다.

심리교육 모델

지시적인 놀이-기반 개입을 실시하는 것은 치료의 심리교육 모델과 크게 일치한다. 심리교육 모델은 행동 패턴들, 가치, 사건에 대한 해석, 그리고 자신의 환경에 잘 적응하지 못하는 아동 및 청소년의 삶에 대한 견해를 변화시키기 위한 접근법이다. 부적절한 행동은 아동이나 청소년이 환경의 요구에 대처하려는 부적응적 시도로 간주된다. 아동 또는 청소년이 변화의 필요성을 인식하도록 도와주고 그다음 더 나은 행동을 선택하도록 도와주는 것을 통해 적절한 행동들이 발달한다.

치료자가 아동이나 청소년과 건강한 라포와 관계를 맺거나 유지할 수 있을 때 긍정적인 행동변화가 일어날 가능성이 더 많다. 이 접근법은 치료적 접근과 교육을 결합한 것이다. 심리교육 모델에 따르면, 행동변화는 환경적 변인들을 조정하는 것이 아니라, 자기와 다른 사람에 대해 더 좋은 이해가 발달하고 새로운 방법으로 반응하는 것을 연습하면서 이루어진다. 아동이나 청소년에게는 반응하는 새로운 방법과 이전의 부적절한 활동이나 행동 사용을 자제할 수 있는 자기-통제를 가르쳐야 한다(Tom McIntyre의 www.behavioradvisor.com에서 참조).

ASD와 발달장애를 가진 아동에게 놀이-기반 개입을 실시하는 치료자들은 거의 대부분 심리교육 모델을 따르고 있을 것이다. 이 증상을 가진 아동들과 작업을 할 때 관계형성과 지시적인 설명 모두가 핵심 요소이므로, 치료자는 이 두 가지 요소들을 반대개념으로 생각해서는 안 되고 ASD 아동에게 최선의 것을 제공하는 결합된 특징으로 생각해야 한다.

부모의 개입

일반적으로 기존의 자폐증 치료에는 부모-훈련 요소가 포함되어 있어 부모는 가정에서 자녀들에게 치료법을 실시하도록 교육받는다. 놀이-기반 개입은 부모에게 지도하여 부모가 회기 간에 가정에서 실시하도록 고안되었다. Grant(2012)는 부모가 자신의 자녀들에 대해 가장 잘 알고 일상생활에서 가장 많은 도움을 줄 수 있는 사람이라고 하였다. 부모 훈련은 부모가 공동-변화 대리인이 될 수 있도록 권한을 부여하고 개입을 반복해서 실시하게 한다. 따라서 기술 발달을 증가시키기 위해 더 많은 연습을 하도록 한다.

Booth와 Jenberg(2010)는 안정된 애착 관계는 건강한 부모-자녀 상호작용 결과이고 장기적인 정신건강의 핵심이라고 하였다. 이런 관계는 자폐증을 가진 아동이 일반 아동과 마찬가지로 자신의 발달 잠재력을 달성하도록 돕는 데 있어서도 중요하다. 더 나아가, 부모들이 치료의 일부가 될 때, 그들은 가정에서 아동과 성공적인 상호작용을 하게 된다. 가정에서 상호작용을 할 때 얻을 수 있는 추가적인 이득은 아동이 치료실에서 가정으로 일반화할 수 있다는 것이다.

부모-훈련 구성 요소를 실시할 계획을 하는 치료자들은 부모와 회의시간이나 치료 회기를 가져서 부모에게 개입에 대해 명확하게 지도해야 한다. 치료자들은 또한 가정에서 개입이 정확하고 성공적으로 실시되고 있는지 확인하기 위해 가정에서 실시하는 것을 신중하게 모니터하기 원할 것이다. 더 나아가, 부모들은 그 과정 동안 여러 가지 질문을 가질 수 있으므로, 부모의 어떤 질문이나 걱정에 대해서라도 확실하게 해결할 수 있도록 시간을 충분히 가져야 한다.

부모와의 회의에서 개입의 진행사항에 대해 피드백을 받고 아동에게 지도한 후 가정에서 연습할 새로운 개입을 부모에게 가르치다보면 45~50분 회기의 전형적인 구조가 깨질 수 있다. 이것은 대략 15~20분 정도 소요될 수도 있다. 회기의 남은 시간에는 아동과 만나고 아동에게 새로운 개입을 가르치게 될 것이다. 예를 들면 다음과 같다. 부모와 아동을 함께 만나기 위한 다양한 시나리오가 있다. 또 다른 선택사항은 교대로 회기를 갖는 것인데, 한 주는 부모를 만나고 그 다음 주는 아동을 만난다. 부모와 아동 모두와 함께 전체 회기를 끝내면서, 학습과 개입을 동시에 하는 것 또한 적절할 것이다. 부모에게 회기 간에 자녀와 함께 집에서 개입을 하도록 요청할 경우에 가장 중요한 요소는 부모-훈련 시간을 반드시 통합시키는 것이다.

일차 목표 영역들

3

정서 조절

각 개인에게 정서 조절 능력이 부족하다면, 그는 정서와 정서적 상황을 다루는 데 어려움을 겪게 된다. 한 개인은 과도하게 정서적이 될 수 있고, 정서를 표현하지 않을 수도 있고, 적절한 정서 표현이 부족할 수도 있으며, 정서 분화를 이해하지 못하거나 이해할 수 없을 수 있고, 다른 사람의 정서를 인식하지 못하거나, 자신의 정서를 다루거나 통제하지 못할 수도 있다.

ASD 아동과 청소년은 종종 정서 조절에 어려움을 겪는다. 긍정적인 정서와 부정적인 정서 모두를 관리하고 조절하는 것은 도전이 될 수 있고, 조절할 수 있는 적절한 능력이 없거나 훈련이 되지 않았을 때, 조절에 이상이 생겼을 때 이들은 부정적인, 원하지 않는 행동을 하게 될 것이다. 정서 조절곤란의 몇몇 징조들로는 물건이나 손가락을 입에 넣거나 빨거나, 위안을 주는 물건을 들고 다니거나 수집하고, 발끝으로 걷고 앞뒤로 몸을 흔들고, 손벽을 치고, 흥얼거리거나 아무렇게나 떠들고, 공격적이거나 순응하지 않거나, 철회되고, 스트레스가 많은 상황에서 자기를 분리시키고, 특정 주제들/관심영역에 몰두하고, 규칙이나 일정 준수에 대해 경직되는 것이 포함되어 있다.

자폐치료(AutPlay Therapy)에 따르면(Grant, 2016), ASD 아동과 청소년에게 부족할 수 있는 정서 조절은 여섯 가지 범주로 나누어 볼 수 있다. 그 여섯 가지 범주는 정서 확인하기, 정서 이해하고 표현하기, 정서와 상황 인식하기, 다른 사람의 정서 인식하기, 정서 경험 나누기, 그리고 정서 관리하기이다. 동시에 또는 점진적으로 각 범주를 다룰 수 있다.

여섯 가지 정서 조절 범주는 다음과 같이 정의된다.

1. **정서 확인하기**는 아동이 정서를 확인하고, 정확하게 정서를 명명하고, 연령에 적절하게 여러 정서를 참조할 수 있는 능력을 말한다.
2. **정서 이해하고 표현하기**는 아동이 좌절 대 분노와 같이, 자신이 경험하고 있는 특정 정서들을 이해할 수 있고, 자신이 느끼고 있는 감정을 다른 사람에게 언어로 의사소통하는 등 적절하게 표현할 수 있는 능력을 말한다.
3. **정서와 상황 인식하기**는 아동이 특정 정서가 특정 상황과 일치할 수 있다는 것을 인식하는 능력을 말한다. 예를 들어, 장례식에 참석하면 그 사람은 슬플 것이다.
4. **다른 사람의 정서 인식하기**는 부모가 슬프거나 화가 났거나 또는 학교에서 다른 아동이 외로움을 느꼈을 때를 이해하는 것처럼, 아동이 다른 사람의 정서와 정서표현을 인식할 수 있는 능력을 말한다.
5. **정서 경험 나누기**는 공동의 활동에 참여하는 동안 즐거워하면서 다른 사람과 교류하는 것처럼, 다른 사람과 서로 참여하면서 정서를 나눌 수 있는 아동의 능력을 말한다.
6. **정서 관리하기**는 확인된 감정들과 이것을 적절한 방법으로 표현할 수 있고 자기-조절을 위해 부정적인 정서 다루는 법을 이해하는 것처럼, 자신의 정서를 관리하는 아동의 종합적인 능력을 말한다.

Kuypers(2011)는 자기-조절은 인식하든 인식하지 못하든지 모든 사람에게 끊임없이 일어나는 것이라고 하였다. 모든 사람들은 때때로 자신의 한계를 시험하게 되는 힘든 상황에 직면한다. 만약 아동 자신이 잘 조절하지 못할 때를 인식할 수 있다면, 그들은 기분이 나아지고 더 좋은 장소로 가기 위해 무엇인가를 할 수 있게 될 것이다. 어떤 아동에게는 이것이 자연스럽게 이루어지지만, 자폐증을 가진 아동과 청소년에게, 이것은 지도받고 연습해야 할 기술이다.

정서 조절에 초점을 두는 놀이-기반 개입은 각 아동과 청소년에게 개별화

될 수 있어서 특정 아동에게 증진되어야 할 조절 문제들에 대해 작업할 수 있다. 놀이-기반 개입은 자연스러우며 즐거움을 준다. 그러므로 아동에게 더 매력적이다. 많은 놀이-기반 개입들은 치료자와 함께 그리고 가정에서 부모와 다른 가족들과 함께 여러 번 실시될 수 있다. 놀이-기반 개입은 아동이나 청소년이 도달하고자 하는 정서 조절 수준이나 기술을 성공적으로 사용할 때까지 연습할 수 있다.

사회성 기술과 기능

'사회성 기술'이라는 용어는 간단한 것에서 복잡한 것까지 광범위하고 다양한 기술을 포함하는 포괄적인 용어이다. 사회성 기술들은 학습하는 것에서부터 눈맞춤하는 것, 안전하지 않는 상황을 아는 것, 사람들 앞에서 이야기하는 것까지 무엇이든 해당된다.

사회성 기술은 환경에서 각 개인이 다른 사람과 성공적으로 상호작용을 할 수 있게 하는 대인관계의, 구체적인 행동들이다. 개인이 적절한 사회성 기술을 가졌다고 생각되는 정도는 다른 사람이 결정한다. 이것은 특히 자폐장애나 다른 발달장애를 가진 아동과 청소년에게 해당되는데, 이는 그들이 심지어 사회성 기술을 습득한 후에도 이를 충분히 이해하거나 인식하지 못할 수 있기 때문이다(Grant, 2012).

ASD와 발달장애를 가진 아동과 청소년은 사회성 기술과 사회성 기능에 대하여 다양한 수준으로 손상되어 있다. 대부분 연령에 적합한 우정을 발달시키는 것에 실패하고 사회생활의 규칙을 이해하는 데 큰 어려움을 겪는다. Laushey와 Heflin(2000)은 사회적 행동에서의 손상은 자폐스펙트럼에 있는 아동들에게 너무나 근본적인 문제이므로, 사회성 결핍은 자폐스펙트럼장애의 결정적인 특징으로 간주되어야 한다고 하였다.

Dawson, McPartland와 Ozonoff(2002)는 ASD로 진단된 모든 사람은 모든 사회적 만남을 구성하는 사회적 교류, 특별히 상호성, 주고받는 상호작용에 어려움이 있다고 하였다. 더 나아가, ASD 아동과 청소년은 우정에 대해서 매우 제한된 개념을 가지고, 또래 거부에 직면하는 경향이 있고, 사회적으로 장려하는 바디랭귀지를 시작하는 데 어려움을 경험할 수 있다. ASD 아동과 청소년이 어떤 사회적 상황에 처했지만 이를 잘 처리할 수 있는 적절한 사회성 기술을 가지고 있지 않을 때, 아동에게 큰 불안이 야기되고, 이로 인해 일반적으로 원하지 않는 행동이 유발된다. 그저 생소한 상황에 놓이거나 성공적으로 조정할 수 있는 기술이 부족한 상황에 처하게 된다는 생각만으로도, 큰 불안이 야기될 수 있고 원치 않는 행동이 유발될 수 있다.

Stillman(2007)은 자폐스펙트럼장애를 가진 아동과 청소년은 다음과 같은 사회적 상호작용과 기능에서 어느 정도 손상된 경향이 있다고 하였다.

1. 양육자나 아동의 삶에서 중요한 다른 사람에게 애정을 주거나 보이는 것
2. 친구를 사귀는 것에 관심이 부족해보이지만 실제로는 관심을 끌거나 친구 사귀는 방법을 잘 모르는 것
3. 매우 수줍거나 철회된 것처럼 보이는 것
4. 모순, 풍자, 그리고 다른 형태의 유머에 대한 이해와 인식이 부족한 것
5. 정서를 나타내고 보여줄 수 있는 능력과 다른 사람의 정서를 인식하는 능력이 부족한 것
6. 한 가지 주제에 대해서만 너무 많이 이야기하는 경향
7. 다른 사람들이 있거나 대중 앞에서 혼자서 아무 말이나 하는 것
8. 셔츠를 씹거나 손벽 치는 것같이 사회적 상황에서 자극적인 행동을 하는 것
9. 대면하기보다는 컴퓨터를 통해 다른 사람과 상호작용하는 것에 더 많은 관심을 보이고 대부분의 시간을 컴퓨터나 비디오 게임을 하면서 보내기 원하는 것
10. 또래 아동들보다 성인과 말하기 원하고 더 잘하는 것처럼 보이는 것

Dienstmann(2008)은 사회성 기술은 가르쳐야 하는 것이라고 제안하였다. 아동에게 사회성 기술은 발달되는 것이 아니라 마술적으로 나타난다는 신념은 일반적인 오해이다. 연구를 통해 사회성 기술 학습을 위한 증거-기반 치료로서 사회성 기술 훈련이 지지되고 있다. 사회성 훈련은 기술이라는 것을 기

억하는 것이 중요하다. 우리 모두는 어느 지점에서 이것들을 학습하였다. 아동이 자신의 현재 사회성 기능이라는 용어에서 어디 즈음 있든지 간에, 그는 더 많은 사회성 기술을 배울 수 있다.

관계 맺기와 관계 발달

ASD와 발달장애를 가진 아동들은 관계를 맺는 감각은 가지고 있지만 만약 우리가 갑자기 그들의 양육자를 데려가고 새로운 사람으로 바꾼다면 그들은 아마 제대로 해내지 못할 것이다. 말하자면, ASD와 다른 발달장애를 가진 아동들은 의미 있는 방법으로 관계를 맺고 표현하는 것에 어려움을 가지고 있고 분명히 사회적으로 일반적이고 수용되는 방법으로 관계 맺고자 하는 표현을 하기 어려워한다(Grant, 2016).

Coplan(2010)은 자폐증과 발달장애를 가진 아동들은 상호성이 부족한데 이것은 출생부터, 영아 또는 걸음마기까지는 눈맞춤이 빈약하게 발전하고, 유치원 때에는 상호적인 놀이의 숙달이 어렵고, 그다음 학령기에는 다른 사람의 시각으로 사물을 보지 못하는 것까지가 모두 그 증거가 될 수 있다고 하였다.

Lindaman과 Booth(2010)는 ASD 아동이 관여하고 관계를 맺을 때 겪는 몇 가지 어려움에 대해 기술하였다.

1. 감각과 운동협응과 관련된 어려움은 다른 사람과 리듬을 맞추고 동시성을 형성하는 것을 어렵게 한다.
2. 아동은 다른 사람의 행동을 모방하고 예상하는 능력이 부족하다.
3. 언어적이고 비언어적인 의사소통과 관여하고 주의를 전환하는 것에서의 어려움은 감정, 사고, 그리고 욕구를 감별하는 데 어려움을 야기한다.
4. 아동은 정보를 다르게 받아들이거나 처리할 수 있다.
5. 아동의 어려움으로 인해 부모가 자녀에게 적절히 맞고, 이해하고, 반응하는 데 어려움을 겪게 되고, 이것은 아동이 더 철회하는 행동을 하는 것으로 이어질 수 있다.

관계 맺는 능력의 부족과 진정한 관계감을 느낄 수 없는 것은 ASD 또는 다른 발달장애를 가진 아동의 부모들이 겪고 있는 가장 큰 문제 중 하나가 될 것이다. 아동과 부모 사이에 일어나는 일은 과소평가될 수 없다. 부모는 그들 자신과 자녀들 사이가 연결된다고 느낄 필요가 있고, 그 연결 중 일부는 아동이 시작해야 한다. 아동은 건강하고 적절한 방법으로 관계 맺는 것을 배울 필요가 있다. Ray(2011)는 아동이 다른 사람과 친밀감을 형성할 때, 다른 사람을 향해 따뜻함을 보이고, 편안한 성인들에게는 지지를 구하고, 친밀한 관계를 맺으면서 즐거움을 보인다고 하였다.

이 책에 제시된 관계 맺기와 관계 발달 개입은 1) 아동과 양육자 사이에 관계 맺기를 증가시키고 아동과 다른 중요한 관계 사이에 관계 발달을 증진시키기 위해 2) 아동과 청소년에게 다른 사람에게 더욱 성공적으로 관여하고 적절한 태도로 관계 맺기를 증진시키는 방법을 가르치기 위해, 그리고 3) 아동과 청소년이 더 확대된 관계와 관계 맺기 기술들을 숙달할 수 있도록 재미있고, 자연스럽고, 놀이-기반 분위기를 제공하기 위해 고안되었다.

이 책에 제시된 관계 맺기와 관계 발달 개입은 목적에 따라 간단한 것에서부터 더 복잡한 것으로까지 다양하다. 치료자들은 함께 작업하고 있는 아동의 기능 수준과 연령에 대해 특별히 주의를 기울여야 하고 아동의 수준에 맞는 개입을 선택해야 한다. 더 낮은 기능 수준을 가진 아동들은 가장 기본적인 관계 맺기-기반 개입에도 어려움을 겪을 수 있으므로 최소 수준에서 시작해야 할 것이다. 아동의 수준에 맞춰 작업하고 아동과 함께 발전하는 것이 중요하고 적절하다. 아동이나 청소년이 불편해하거나 자신의 기능 수준 이상의 관계 맺기-기반 개입에 참여하도록 강요하면 그 결과 아동은 '붕괴'되는 행동을 하게 될 것이고 다음의 관계 맺기-기반 개입에 참여하지 않으려고 더욱 저항할 것이다. 특히 관계 맺기와 관계 증진과 관련된 많은 개입들에는 신체 접촉이 포함되어 있다. 신체 접촉이 있는 개입을 실시하기 전에, 치료자들에게는 놀이치료협회의 '접촉에 대한 보고서(Paper on Touch)' 검토를 권한다. 이것은 APT 웹사이트 www.a4pt.org에서 찾을 수 있다.

ASD와 다른 발달장애를 가진 아동과 청소년은 일반적으로 다른 사람들과 더 큰 관계를 맺고 싶어하고 적어도 그들이 편안하게 느끼는 수준까지, 더 깊은 관계를 경험하고 싶어한다. 결과적으로, 거의 보편적으로 이 문제를 다루고 있는 아동들은 그들이원하는 연결 및 관계의 수준을 경험하지 못하고 있고 그들이 갖고 싶은 연결 수준을 얻을 기술이나 능력이 부족한 것 같다. 일관되고 목적이 있는 서론과 의미 있는 관계 맺기와 관계를 만들고 유지할 수 있는 아동의 기술 수준과 능력을 증가시키기 위해 고안된 놀이-기반 개입의 실제를 통해서, 아동과 청소년은 그들이 원하는 수준의 관계 맺기와 관계 증진에 도달할 수 있다. 각 아동과 청소년이 얼마나 많은 관계 맺기 기술을 개발하고 있는지 그리고 각 아동이 추구하고 있는 관계 수준은 무엇인지, 또 편안함을 느끼는 수준의 관계가 무엇인지에 따라 각 아동과 청소년은 각기 다른 목표수준을 보일 것이다.

관계 증진에서 동일한 욕구와 기술 수준을 가지는 것은 비전형적인 사람 또는 보다 정상적인 사람 등 모든 사람에게 필요한 것이 아니다. 일반적 기능 목표를 위해 각 아동과 청소년에게 필요한 관계를 맺는 능력 수준과 더 진전된 관계 맺기와 관계 증진을 달성하고자 하는 수준을 결정하는 데 있어 각 개인의 상황이 고려되어야 한다.

다른 서비스와 지원

ASD와 발달장애를 가진 아동과 청소년 대부분은 다양한 치료를 받게 될 것이다. 아동이나 청소년이 놀이치료뿐 아니라 작업치료, 언어치료, 그리고 응용행동분석(applied behavioral analysis, ABA)이 기반이 된 프로그램, 그리고 몇 가지 다른 형태의 치료를 받고 있는 것이 일반적이다. 치료자들도 아동과 청소년을 다른 치료로 의뢰할 수 있다. 치료자들이 다른 서비스 제공자들과 의사교환을 하면서 종합적이고 협력적인 치료방법을 만들 수 있을 때 가장 도움이 된다. ASD와 발달장애는 매우 복합적이므로, 정신건강 전문가들과 놀이치료사들은 ASD 아동과 청소년을 치료할 때와 ASD와 발달장애에 영향을 받는 가족들과 작업할 때 중요한 역할을 한다. 마찬가지로 작업치료사, 언어치료사, 그리고 ABA 전문가들과 같은 다른 전문가들도 치료라는 퍼즐에서 중요한 조각들이 된다. 아동과 작업하고 있는 모든 전문가들이 함께 협력해서 일하고 아동의 부모도 함께 할 수 있을 때, 아동은 더 나은 서비스를 받을 수 있다.

정신건강 치료사, 놀이치료사, 학교 상담사, 작업치료사, 언어치료사, 조기개입 전문가와 ABA 전문가들이 이 책에 제시한 놀이-기반 개입을 성공적으로 실시해오고 있다. 이 책을 읽는 어떤 전문가라도 ASD 아동과 청소년과 함께 일하는 다른 전문가들과 함께 이 자료를 나누기를 바라고 더 나아가 그들이 속한 커뮤니티에 협업 커뮤니티를 만들어 의뢰할 수 있는 네트워크를 구축하기를 권한다.

도움이 되는 자료들

이 책의 부록에는 치료자에게 도움이 되는 자료들을 제시하였다. 감정 목록은 아동 및 청소년을 대상으로 정서식별과 정서표현에 대한 작업에 초점을 두고 개입을 할 때 사용할 수 있다. 마찬가지로 사회성 기술 체크리스트는 치료자들이 아동 및 청소년에게 향상되어야 할 사회성 기술을 확인할 때 사용할 수 있다. 또한 장난감과 재료 목록은 치료자들이 이 책에 기술된 지시적 놀이 개입을 완수하기 위해 필요한 일반적 장난감들과 재료들을 확인할 때 사용할 수 있다.

또한 부록에는 '놀이기반 개입-기록지'가 있는데, 이것은 치료자의 사례 노트와 치료 계획과 함께 사용하도록 고안되었고, 치료자가 실시한 지시적 개입과 언제 그 개입이 실시되었는지에 대해 빨리 기록하고 검토할 수 있도록 고안되었다. '당신이 개발한 기법 기록지'는 치료자가 ASD 내담자와 함께 실시하기 위해 자신만의 개입을 새롭게 만들 때 따를 수 있는 지침을 주기 위해 제공되었다. 기법 기록지에는 이 책에서 다루는 식별된 모집단에 효과가 있는 새로운 기법을 만들도록 치료자를 안내하기 위해 몇 가지 중요한 고려사항이 제시되어 있다.

ASD와 다른 특별한 요구가 있는 아동과 청소년에 대한 앱 목록도 짧은 설명과 함께 제시하였다. 관련된 웹사이트 목록과 책 자료들 또한 목록으로 제시하였는데, 치료자들은 더 많은 독서와 지식의 증대를 위해 이 목록을 사용할 수 있고 부모와도 공유할 수 있다.

정서 조절 개입

· 정서 조절 ·

당황한　　**관리**　　걱정되는

조절　　바보같은　　**통제**

애정　　**감정**　　표현

사랑　　친밀　　화

불안　　**조절이 곤란한**　　슬픈

감각적인　　정서　　**차분한**

흥분된　　**자극하는**

감정 픽업 스틱

목표 영역	정서 조절
수준	아동과 청소년
재료	픽업 스틱, 감정/색깔 판
형식	개인, 가족, 집단

소개

이 개입에서는 ASD 아동과 청소년의 정서 조절을 돕기 위해 픽업 스틱 게임을 활용한다. ASD와 다른 발달장애를 가진 아동과 청소년은 다양한 정서 조절 기술에 대해 작업할 필요가 있다. 이 개입은 아동 또는 청소년에게 발달되어야 하는 여러 가지 기술을 목표로 하여 활동을 개별화할 수 있게 한다.

방법

픽업 스틱 게임을 사용하여, 치료자는 각 픽업 스틱의 색깔을 적고 그 밑에 여러 가지 감정을 적은 종이를 만든다(여기에 제시하였다). 치료자와 아동은 일반적인 픽업 스틱 게임 규칙에 따라서 게임을 한다. 아동이나 치료자가 한 개의 색상 막대를 들어 올리면, 종이를 보고 그 색 아래에 나열된 감정 중 하나를 선택하여 이런 감정을 느꼈던 시간에 대해 이야기를 나누거나, 그 감정을 행동으로 나타내거나, 그 감정에 대한 정의를 내린다.

이론적 근거

이 기법은 아동과 청소년이 정서를 인식하고, 이해하고, 표현하도록 돕는다. 또한 아동은 이 기법을 가지고 언어적 상호작용과 소근육 기술에 대해 작업한다. 치료자는 아동이 인식하고 표현하는 데 어려움을 겪는다고 파악한 특정 감정의 감정/색깔 종이를 만들 수 있다. 일부 아동은 막대기를 움직이지 않고 집어 올리는 데 어려움을 겪을 수 있다. 중요한 것은 아동이 막대를 획

득하여 감정을 나눌 수 있게 하는 것이므로, 치료자는 픽업 스틱 게임에서 규칙을 느슨하게 해야 한다.

부모에게 감정 픽업 스틱으로 놀이하는 방법을 가르쳐야 하고, 감정 용지는 주지만, 픽업 스틱 게임은 구매하도록 한다(그 게임들은 크기가 다양하고 일반적으로 저렴하다). 치료자는 부모에게 가정에서 정기적으로 아동과 이 개입으로 놀이하도록 권해야 하고, 괜찮다면 가족 모두와 함께 하도록 권해야 한다. 게임은 여러 번 할 수 있고, 새로운 또는 더 복잡한 감정들로 작업할 필요가 있을 때 감정 용지는 바꿀 수 있다. 부모는 필요에 따라 가정에서 감정 용지를 만들 수 있다.

감정 픽업 스틱

빨간색

행복한 · 당황한 · 무서운 · 자랑스러운

파란색

슬픈 · 걱정되는 · 사랑받는 · 흥분된

초록색

화난 · 차분한 · 긴장되는 · 바보 같은

노란색

용감한 · 좌절된 · 피곤한 · 친절한

검은색

평화로운 · 불안한

감정 비치볼

목표 영역	정서 조절
수준	아동과 청소년
재료	비치 볼, 검은 펜
형식	개인, 가족, 집단

소개

감정 비치볼은 아동과 청소년이 다양한 정서 조절 요소들에 대해 작업할 수 있는 매력적이고 재미있는 방법을 제공한다. 또한 이 개입은 쉬워서 아동과 청소년이 가정에서 가족들과 놀이할 수 있다. 치료자는 아동의 상담 회기 전에 비치볼을 만들고 그 위에 아동이 다룰 필요가 있는 특정 감정을 써서 그 아동만의 공을 만들 수도 있고, 또는 아동과 치료자가 함께 감정 비치볼을 만들 수 있다.

방법

치료자는 비치볼을 불고 아동에게 공 전체에 감정 단어를 함께 쓸 것이라고 알려준다. 또한 치료자는 아동이 상담 회기에 오기 전에 비치볼을 만들고 그 위에 감정을 적어놓을 수도 있다. 아동은 가능한 한 많은 감정을 생각해내야 하고, 그다음 치료자는 비치볼이 꽉 차게 감정을 추가해서 쓸 수 있다(치료자는 아동이 다루어야 하는 감정이 포함되어 있는지 확인하고 싶을 것이다). 일단 공을 다 만들면, 치료자와 아동은 공을 던져서 주고받는다. 공을 잡은 사람이 오른손 엄지에 가까이 있는 감정을 선택해서 무엇 때문에 그렇게 느꼈는지 나누거나 그 감정을 행동으로 나타내면 그동안 다른 사람은 그것이 무엇인지 추측하려고 노력한다. 만약 엄지에 닿은 곳에 있는 감정이 이미 누군가가 했던 것이라면, 그다음으로 엄지와 가까운 감정을 선택해야 한다. 또 다른 재미있는 요소는 비치볼을 던질 때 "이번에는 머리로 공을 치자"와 같이 공을 주고받는 다른 방법을 선택할 수 있다는 것이다.

이론적 근거

이 기법은 아동과 청소년이 정서를 인식하고, 이해하고, 표현하고, 다른 사람의 정서를 인식하는 데 도움을 준다. 아동은 가정으로 비치볼을 가지고 가는데, 치료자는 이 개입을 부모에게 지도하여 가정에서 아이와 함께 정기적으로 할 수 있게 해야 한다. 아동의 감정은 매일 변할 수 있고, 감정의 수준도 매일 변할 수 있다. 가정에서 정기적으로 이 기법을 실시하면 아동은 상황에 따라 감정이 어떻게 변할 수 있고 사람이 느끼는 특정 감정이 얼마나 많이 변할 수 있는지에 대해 배우게 될 것이다.

감정 비치볼

감정 목록

불안한

걱정되는

행복한

슬픈

흥분된

압도된

당황한

긴장한

자랑스러운

무서운

좌절된

사랑받는

외로운

거절된

수용된

화난

차분한

친절한

자신 있는

평화로운

피곤한

레고 감정 집

목표 영역	정서 조절
수준	아동과 청소년
재료	레고 블럭들
형식	개인, 집단

소개

몇몇 연구들에서 ASD와 발달장애를 가진 아동과 청소년이 레고를 사용하는 것이 유익하다는 것을 지지하고 있다. 이 개입에서는 특히 정서를 인식하여 정서 조절을 증가시키는 작업을 하는 데 레고를 사용한다. 레고는 자연스럽게 아동을 초대할 뿐 아니라 긍정적인 감각 경험을 제공하며 전형적으로 ASD 아동에게 익숙한 장난감이다.

방법

아동에게 레고를 주고 집, 건물이나 자동차를 만들어 보라고 이야기한다. 아동이 원하면 추상적인 물건도 만들 수 있다. 아동에게 다른 색들이나 각각 하나의 색을 사용해서 감정을 표현할 것이라고 설명한다. 아동은 자주 표현하는 감정을 선택해야 한다(또한 치료자는 학교나 부모와 같은 특정 상황이나 사람을 제시하여 감정을 확인하게 할 수 있다).

일단 아동이 물건을 만들면, 아동은 색깔을 살펴보고 각 감정에 대해 이야기하고 무엇 때문에 이 감정을 느끼게 되었는지 이야기한다. 또한 치료자는 레고로 만든 것이 아동에게 어떤 의미가 있는지 물어볼 수 있다. 치료자는 레고 감정 집을 만드는 것뿐 아니라 감정을 확인하고 나눌 수 있는 역할 모델도 되기 원할 것이다.

이론적 근거

레고 감정 집은 아동과 청소년에게 정서를 인식하고, 이해하고, 표현하도록 돕는다. 또한 아동은 이 기법을 가지고 소근육 기술과 언어적 상호작용에 대한 작업을 한다. 치료자는 이 개입을 부모에게 지도하여 가정에서 아이와 함께 정기적으로 실시하게 할 수 있다. 아동의 감정들은 매일 변하고 아동이 느끼는 정서의 수준도 매일 변할 것이다.

이 기법을 가정에서 주기적으로 수행하면 아동의 정서 조절 능력이 더 발달하는 데 도움이 될 것이다. 더 나아가 부모는 아동이 느끼는 감정이 무엇인지 더 이해할 수 있고, 아동이 감정을 표현할 수 있도록 도울 수 있다. 치료자는 집단에서도 이 기법을 사용할 수 있는데 이때 각 아동은 집단에서 자신이 만들어 놓은 레고 감정 집에 대해 함께 나눈다.

레고 감정 집

(빨간색＝화난, 노란색＝기분 나쁜, 파란색＝슬픈, 초록색＝당황한, 흰색＝행복한)

감정 얼굴 만들기

목표 영역	정서 조절
수준	아동
재료	색도화지, 풀, 가위
형식	개인, 집단

소개

이 개입은 아동이 자신의 정서를 인식하고 관계를 맺도록 돕는다. 이 개입을 실시하면서 아동은 표현 재료를 사용할 수 있는데 이를 통해 정서를 만들고 그들이 자주 경험하는 정서에 대해 논의할 수 있게 된다. 또한 이 개입의 구성에는 소근육 운동과 기술이 포함된다. 감정 얼굴 만들기는 아동이 집으로 가져가서 참고할 수 있는 여러 가지 다른 감정 얼굴을 만들면서, 여러 번 실시할 수 있다.

방법

치료자는 아동에게 감정을 표현하는 얼굴을 함께 만들 것이고 그 얼굴은 색도화지만 사용해서 만들 것이라고 설명한다. 아동은 머리를 나타내기 위해 종이를 선택하고 큰 원으로 오린다. 그다음 색도화지만을 사용해서 종이에 얼굴을 만든다. 아동은 색도화지에서 눈, 눈썹, 귀, 코, 입, 머리카락 등을 오릴 것이다. 아동에게는 정서를 나타내는 얼굴을 만들라고 이야기한다. 만약 아동이 어떤 감정도 생각해 내지 못하거나 자신이 생각한 감정을 어떻게 만들지 자신 없어 한다면 치료자는 이 과정에서 아동을 돕고 싶을 것이다. 아동은 색도화지를 어떤 조각으로든지 자를 수 있고, 이것을 자신이 원하는 대로 머리부분에 놓을 수 있지만, 전체 얼굴에는 정서가 나타나게 해야 한다. 일단 아동이 얼굴을 다 만들고 나면, 아동은 치료자에게 그 얼굴을 보여주고 그 얼굴에서 보여주고 있는 정서가 무엇인지 이야기한다. 치료자와 아동은 감정 얼굴과 아동이 그 정서를 언제 경험했는지에 대해 논의한다. 아동은 여러 번 감정 얼굴 만들기를 만들 수 있고 이 과정을 치료자와 함께 할 수 있다.

이론적 근거

감정 얼굴 만들기는 아동이 정서를 확인하고 다른 사람의 정서를 인식하도록 돕는다. 또한 아동은 이 기법으로 소근육 기술과 언어적 의사소통에 대한 작업을 한다. 치료자와 아동은 감정 얼굴 만들기를 여러 번 만들어 봐야 하고, 아동은 자신이 만든 모든 얼굴들을 다시 보면서 감정을 확인하고 표현할 수 있도록 이것들을 집으로 가져간다. 치료자는 이 개입을 부모에게 지도하여 가정에서 자녀와 함께 정기적으로 실시하게 할 수 있다. 부모는 자녀에게 그날 경험했던 주된 감정을 선택하게 하여 자녀와 함께 하루에 한 가지씩 감정에 대해 다룬다.

감정 얼굴 만들기

(행복한 얼굴)

(화난 얼굴)

콩 주머니 던지기

목표 영역	정서 조절
수준	아동과 청소년
재료	콩 주머니들, 바구니
형식	개인, 가족

소개

이것은 단순하지만 아동과 청소년이 다양한 정서 조절 기술을 익히도록 돕는 매력적인 개입이다. 콩 주머니 던지기의 신체운동과 도전적인 부분은 아동과 청소년이 조절과 과제 성취를 배우는 데 도움이 된다. 콩 주머니 던지기를 실시하면서, 치료자는 아동이나 청소년에게 증진되어야 할 특정 정서 조절을 다루기 위해 개입을 개별화할 수 있다.

방법

치료자는 다양한 형태의 작은 콩 주머니를 사용하면서, 각각의 콩 주머니에 다른 감정 단어를 적을 것이다[네모, 원, 혹은 동물 모양의 콩 주머니들은 일반 장난감 가게에서 구입할 수 있다 — 치료자들은 샤피 마커(유성매직의 일종)로 그 위에 글을 쓸 수 있는 것으로 구매해야 한다]. 아동은 방안에 놓은 바구니 안으로 콩 주머니를 던진다. 바구니 안에 넣은 각 콩 주머니를 가지고, 아동은 그 감정에 대한 정의나 그렇게 느끼게 한 일에 대해 이야기한다. 그다음 치료자로 순서를 바꾼다. 치료자 역시 감정에 대해 정의하거나 그렇게 느끼게 한 일에 대해 이야기한다. 이것은 교육적이고 역할 모델링의 기회를 제공한다. 치료자와 아동은 차례로 모든 콩 주머니를 바구니 안에 넣고 결국에는 모든 감정에 대해 이야기하게 된다. 이 개입은 각각의 감정에 대한 새로운 정보를 나누면서 여러 번 실시할 수 있다.

이론적 근거

콩 주머니 던지기는 아동과 청소년이 정서를 인식하고, 이해하고, 표현하도록 돕는다. 또한 이 개입은 운동 요소를 포함하므로 몇 번을 하고 난 다음, 치료자는 아동에게 이제는 잘 사용하지 않는 비우세손(오른손잡이의 경우는 왼손)으로 함께 게임할 것이라고 설명해야 한다. 다른 선택사항은 콩 주머니를 머리 위쪽으로 해서 뒤로 던져 바구니 안에 넣는 것이다.

치료자는 이 개입을 부모에게 지도하여 가정에서 자녀와 함께 정기적으로 할 수 있게 해야 한다. 다른 가족도 아동과 함께 이 개입을 할 수 있다. 재미있고, 정서 기술의 발달을 돕는 사회성 활동을 만들면서, 많은 사람들이 참여할 수 있다.

콩 주머니 던지기

감정 회전판 게임

목표 영역	정서 조절
수준	아동과 청소년
재료	색깔 회전판, 종이, 연필
형식	개인, 가족, 집단

소개

ASD와 발달장애를 가진 아동과 청소년은 종종 정서 조절 능력에 대해 어느 정도 어려움을 겪는다. 감정 회전판 게임은 간단하고, 적은 소품을 사용하는 게임으로, 이를 통해 아동과 청소년은 부족한 정서 조절 기술을 익힐 수 있다. 아동은 종종 회전판 형식을 사용하는 것을 좋아하므로 치료자들은 게임을 계획하고 만드는 데 아동을 참여시킬 수 있다.

방법

색깔 회전판(일반적으로 교육용 매장에서 구입할 수 있고 대량으로 구매할 수 있다)을 사용하여, 치료자와 아동은 회전판에 있는 각 색깔을 무슨 감정으로 할 것인지 정하고, 노란색은 행복한, 빨간색은 매우 화가 난, 파란색은 걱정스러운, 초록색은 슬픈 등과 같이 감정들을 종이에 적는다.

그다음 치료자와 아동은 순서대로 회전핀을 돌린다. 누군가 회전핀을 돌리면, 회전핀이 멈춘 색깔이 무엇이든지, 그 사람은 그 감정을 행동으로 나타내거나 자신이 그렇게 느꼈던 때에 대해 이야기해야 한다. 같은 감정이 여러 번 나올 수 있는데 그때는 그 감정에 대한 새로운 정보를 나눈다. 놀이는 치료자와 아동이 그만하기 원할 때까지 계속한다.

이론적 근거

감정 회전판 게임은 아동과 청소년이 정서를 인식하고, 이해하고, 표현하도록 돕는다. 이 개입을 통해 다양한 정서 조절 구성요소들을 다룰 수 있다. 치료자는 색깔에 해당하는 감정을 나타내거나 알게 하는 표정을 짓는 것뿐 아니라, 색깔을 감정 대신 연습할 다른 사회성 기술이나 대처 기술로 정하는 것으로 회전판 규칙을 바꿀 수 있다. 회전판은 집으로 가져가게 하고, 부모에게 놀이하는 방법을 가르쳐서 가정에서도 자녀와 함께 여러 번 감정 회전판 게임을 하도록 권해야 한다.

감정 회전판 게임

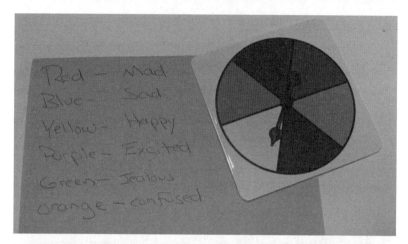

나의 얼굴 표정 그리기

목표 영역	정서 조절
수준	아동과 청소년
재료	종이, 연필
형식	개인, 가족, 집단

소개

나의 얼굴 표정 그리기는 ASD 아동과 청소년이 어려움을 겪고 있는 몇몇 목표 영역을 다룬다. 이 개입은 재미있고 아동을 계속 참여하게 하는 형식을 통해 정서 조절(감정을 인식하고 표현하는), 사회성 기술(신체 언어를 이해하는), 관계 맺기(다른 사람에게 맞추고 알아차리는)의 증진을 목표로 한다.

방법

치료자는 아동에게 함께 얼굴을 사용하여 감정을 만들고 이해하는 연습을 할 것이라고 알려준다. 아동에게 종이와 연필을 준다. 치료자는 3초 동안 얼굴을 찡그려 표정을 짓는다. 아동은 치료자가 만든 얼굴 표정을 그려야 하고 그다음 얼굴에 나타났다고 생각하는 감정 단어를 종이에 적는다. 아동은 치료자에게 보여주고 치료자는 아동이 맞췄는지 확인한다. 만약 답이 틀렸다면, 치료자는 그 감정은 얼굴 표정에서 어떻게 나타나는지, 만일 그들이 그 얼굴 표정을 지어보였다면 어떤 사람은 무슨 감정을 느낄 것인지에 대해 이야기해야 하고, 가능하다면 거울을 사용해서 아동과 함께 연습해야 한다. 치료자와 아동은 교대로 역할을 바꾸는데 한 사람은 감정을 나타내는 얼굴 표정을 짓고 다른 사람은 자신이 본 것으로 그림을 그리거나 감정 명칭을 붙인다.

이론적 근거

이 기법에서는 정서 조절, 관계 맺기와 관계 발달, 신체 언어에 대한 이해를 다룬다. 아동은 잘못된 얼굴을 그릴 수도 있고, 자신의 차례일 때, 무슨 감정인지 치료자가 이해할 수 없는 표정을 지을 수도 있다. 이런 부정확한 사례들을 통해 치료자는 아동과 함께 그 감정은 어떤 표정이어야 하는지 논의하고 아동과 연습할 수 있다.

어떤 감정은 얼굴 표정으로 표현하기 어려울 것이고, 어떤 얼굴 표정은 다른 감정을 표현하기에 적절할 수도 있다. 이것은 사람의 신체 언어를 읽기 어려울 때 상황에 대처하는 방법에 대해 논의할 수 있는 좋은 기회를 제공한다. 또한 이 기법은 가정에서 부모와 아동이 관계 맺기, 눈 맞춤, 더 정확한 정서 표현을 익힐 수 있는 좋은 기회를 제공한다. 이 개입으로 여러 가지 다른 정서들을 충분히 연습하면서 반복해서 놀이할 수 있다.

나의 얼굴 표정 그리기

심장 조각들

목표 영역	정서 조절
수준	아동과 청소년
재료	폼 조각들, 검은색 유성매직, 다양한 공예 장식들
형식	개인

소개

보통 ASD 아동과 청소년은 불안과 걱정으로 힘겨워한다. 높은 수준의 불안과 걱정은 종종 원하지 않는 행동문제들을 초래한다. 사회성 기술 부족, 변화, 새로운 사람이나 환경, 감각 문제, 정서 조절을 못하는 것 등과 같은, 다양한 요인들이 ASD 아동에게 높은 수준의 불안을 유발할 수 있다. 이 개입은 아동이 걱정을 확인하고 스스로 진정하는 방법을 연습하도록 돕는 데 중점을 둔다.

방법

아동은 폼 조각을 선택하고 4등분하여 자른다(치료자는 사용할 수 있도록 폼 조각을 미리 심장 모양으로 잘라놓는다). 4개의 조각에 '걱정되는, 사랑받는, 화난, 평온한'으로 명칭을 정한다. 치료자와 아동은 걱정되는 심장 조각을 가지고 시작한다. 치료자와 아동은 그 조각의 앞면에 그들을 걱정하게 만드는 모든 일을 적는다. 뒷면에, 아동과 치료자는 부정적 정서를 줄이는 데 도움이 되는 전략을 적는다. 같은 과정으로 화난 심장 조각을 완성한다.

아동은 가정으로 다른 두 조각을 가져가서 부모와 함께 사랑받는 심장 조각과 평온한 조각에 사랑받고 있고 평온하게 만든다고 생각하는 모든 것들을 적는다. 아동은 다음 상담 회기에 완성한 조각들을 가져오고, 아동과 치료자는 심장 조각들을 함께 붙이고 부정적인 감정을 경험하게 될 때 무엇 때문에 그런 감정이 생기고 도움이 되는 대처전략이 무엇이었는지를 논의하면서, 4개의 감정을 다룬다. 치료자와 아동은 발견한 대처 전략으로 역할놀이를 하고 연습할 수 있다.

이론적 근거

심장 조각들 기법은 정서 조절이 향상되도록 한다. 이 기법의 초점은 아동이 가지고 있는 감정들, 이 감정들을 가지게 된 원인, 그리고 부정적인 감정을 다루는 대처 전략을 찾도록 아동을 돕는 것이다. 또한 이 기법은 아동이 긍정적이고 부정적인 다른 감정을 가질 수 있다는 것을 이해하도록 돕는다. 네 가지 감정을 정할 때 앞에 제시한 네 가지 감정과 다르게 정할 수 있지만 반드시 걱정되는 감정과 평온한 감정은 포함되어야 한다. 부모에게는 자녀가 집으로 가져온 2개의 조각으로 충분히 연습하게 하고 또한 찾아내고 분류한 감정들을 다루도록 지도한다.

(앞 : 네 가지 감정과 이런 감정이 생기게 하는 예들)

(뒤 : 네 가지 감정과 조절을 돕는 전략들)

집과 학교

목표 영역	정서 조절
수준	아동과 청소년
재료	종이, 마커
형식	개인

소개

ASD와 발달장애를 가진 아동과 청소년은 주로 가정과 학교라는 두 가지 환경 속에서 지낸다. 이 두 환경에서 조절곤란과 원치 않는 행동이 일어날 가능성이 가장 높다. 집과 학교 기법은 아동이 두 환경에서 느끼는 감정이 무엇인지 파악하도록 돕기 위해 고안되었다. 또한 아동이 각 환경에서 느끼는 부정적 정서를 다루기 위해 할 수 있는 일을 탐색하도록 돕는다.

방법

치료자는 아동에게 종이의 한쪽 면에 학교를 그리고 다른 쪽 면에 집을 그리라고 이야기한다. 아동은 학교 그림의 어딘가에 학교의 이름을 적어야 한다. 그다음 아동에게 학교 그림에는 학교에서 느꼈던 모든 감정들을, 집 그림에는 집에서 느꼈던 감정을 모두 적게 한다. 그다음 아동은 자신이 적어놓은 감정을 느끼게 한 일에 대해 치료자와 함께 이야기한다.

그다음 치료자는 아동이 학교와 집 그림에서 함께 이야기 나눈 부정적인 감정 중 하나를 고르고 아동에게 부정적 감정을 적절하게 표현하기 위해 학교와 집에서 할 수 있는 것을 생각해서 학교와 집 그림에 적도록 한다. 치료자와 아동은 학교와 집에서 아동이 부정적 감정을 적절하게 표현하는 시나리오를 만들어서 역할놀이를 한다. 치료자와 아동은 부정적 정서를 모두 다룰 때까지 계속 할 수 있다.

이론적 근거

이 개입의 초점은 아동과 청소년이 학교와 집에서 경험하는 감정(특히 부정적 감정)을 확인하고 이런 감정들을 적절한 방법으로 표현하는 방법을 배우도록 돕는 것이다. 치료자와 아동은 찾아 낸 모든 부정적 감정을 다루고 적절한 표현을 하는 역할놀이를 하도록 노력해야 한다. 부모에게는 가정에서 이 기법을 해 보도록 지도할 수 있고 아동이 학교와 가정에서 숙달감을 얻도록 돕기 위해 자녀와 함께 매일 부정적인 감정에 대해 역할놀이를 하도록 권할 수 있다.

집과 학교 예들

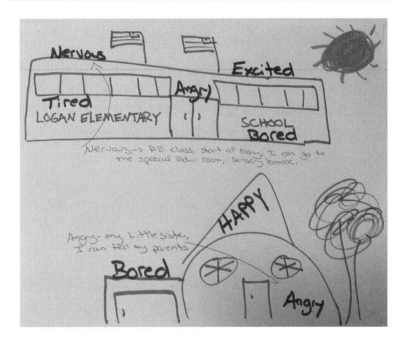

감정 얼음 깨지 않기

목표 영역	정서 조절
수준	아동
재료	Hasbro사의 얼음 깨지 않기 보드게임, 스티커
형식	개인, 가족

소개

얼음 깨지 않기 게임은 아동이 자연스럽게 참여하는 잘 알려진 보드게임이다. 이 기법에서는 아동이 긍정적인 감정과 부정적인 감정을 구별하고 특정 감정을 일으키는 것이 무엇인지 말로 표현하도록 돕기 위해 이 인기 있는 게임을 이용한다. 이 게임의 규칙에 따라 게임을 하지만 여기에 기술 발달 지시를 몇 개 추가한다.

방법

Hasbro사의 얼음 깨지 않기 보드게임을 사용하면서, 치료자는 각 얼음 조각을 가지고, 조각 안쪽에 별이나 하트모양 등의 색깔 스티커를 붙인다. 색깔은 4개가 되어야 하고, 몇 개의 얼음 조각은 스티커를 붙이지 않고 빈칸으로 남겨 놓는다(이것은 아동과 게임을 하기 전에 해 놓는다). 치료자는 아동에게 함께 감정 얼음 깨지 않기 게임을 할 것이라고 설명한다. 치료자는 아동에게 얼음 조각에 붙여 놓은 스티커를 보여주고, 함께 긍정적 감정을 나타낼 스티커 색깔 2개와 부정적 감정을 나타낼 스티커 색깔 2개를 결정한다. 예를 들어, 치료자와 아동은 초록색과 파란색은 긍정적 감정으로, 빨간색과 노란색은 부정적 감정으로 결정할 수 있다. 일반적인 얼음 깨지 않기 게임규칙들에 다른 규칙을 추가한다. 빼낸 얼음 조각 밑면에 스티커가 붙어 있다면, 얼음조각을 뺀 사람은 긍정적 혹은 부정적 감정(색깔을 보고)인지 확인하고 그렇게 느끼게 한 일에 대해 이야기한다. 예를 들어, 아동이 바닥에 노란색 스티커가 붙어 있는 얼음 조각을 쳐서 **빼낸다면**, 아동은 부정적 감정을 명명하고 그다음 그 감정을 느꼈던 시기나 상황에 대해 이야기를 나눠야 한다.

이론적 근거

이 개입은 아동이 정서 조절 능력을 향상시킬 수 있도록 돕는다. 초점은 아동이 긍정적인 감정과 부정적인 감정을 구분하고 이러한 감정들에 대해 말하는 방법을 학습하도록 돕는 것이다. 발달장애 아동은 얼음 조각을 망치로 쳐서 빼내고 새로운 게임을 시작하기 위해 얼음 조각을 다시 조립하는 활동을 좋아하는 경향이 있다(이것은 또한 소근육 기술을 익히게 한다). 감정 얼음 깨지 않기 기법은 여러 번 실시할 수 있다. 부모에게는 게임을 구매하도록 권하고 이 개입으로 놀이하고 가정에서 자녀와 정기적으로 할 수 있도록 가르쳐야 한다. 또한 치료자는 색깔 스티커로 감정 외에 사회성 기술, 대처 기술 혹은 근육 운동과 같은 다른 기술 영역을 표시할 수 있다는 것도 고려해야 한다.

감정 얼음 깨지 않기

행복한 나, 슬픈 나	
목표 영역	정서 조절
수준	아동과 청소년
재료	종이, 연필
형식	개인, 집단

소개

이 개입은 간단하지만 아동과 청소년에게 매력적이고 아동의 정서를 시각적으로 강렬하게 표현하게 하며 상황에 정서를 연결하게 한다. 기본적으로는 행복과 슬픔에 집중하지만, 화난, 용감한, 무서운, 걱정되는 또는 평온한 등과 같은 다른 감정들도 통합시킬 수 있다. 치료자는 아동이 다루어야 하는 감정을 선택할 수 있고 매 시간 다른 감정을 사용해서 이 개입을 반복적으로 실시할 수 있다.

방법

치료자는 아동에게 종이의 중앙에 선을 그으라고 이야기한다. 아동은 종이의 한쪽 면에 행복한 자기를 그리고 다른 쪽 면에는 슬픈 자기를 그릴 것이다. 아동은 행복한 자기 그림 아래에 자신을 행복하게 만든다고 생각할 수 있는 모든 것을 적을 것이다. 슬픈 자기 그림 아래에, 아동은 자신을 슬프게 만든다고 생각할 수 있는 모든 것을 적을 것이다.

만약 아동이 자신에게 행복한 느낌을 주고 슬픈 느낌을 주는 일을 찾기 어려워한다면, 치료자는 아동에게 "학교에서 좋아하는 수업이 무엇이니?", "그 수업에서 넌 어떤 느낌이 드니?", "좋아하지 않는 것은 무엇이니?", "그리고 그것을 할 때 어떤 느낌이 드니?"와 같은 질문을 해서 아동에게 도움을 줄 수 있다. 목록이 완성되면 아동이 찾아낸 각각의 일들에 대해 이야기하면서, 치료자와 아동은 2개의 목록을 자세히 검토한다. 이 시점에서, 아동은 다른 두 가지 감정으로 또 다른 종이를 완성할 수 있다.

이론적 근거

행복한 나, 슬픈 나 개입은 아동이 정서 조절 능력을 향상시키도록 돕는다. 초점은 아동이 자신이 경험하고 있는 감정을 확인하도록 돕고 자신이 참조할 수 있는 시각적 기억을 갖게 하는 것이다. 이 개입을 완수하기 위해서는 다양한 정서가 활용되는데, 항상 부정적인 정서와 대비를 이루는 긍정적인 정서가 있어야 한다. 가정에서 이 기법을 완수할 수 있도록 부모에게 가르쳐야 하고 특히 자녀가 부정적인 정서를 경험하고 있는 것처럼 보이는 날이나 시간에는 자녀와 함께 놀이하는 기회를 갖도록 권해야 한다.

행복한 나, 슬픈 나

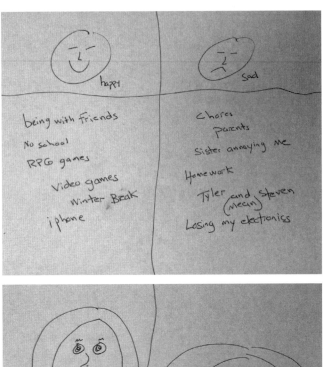

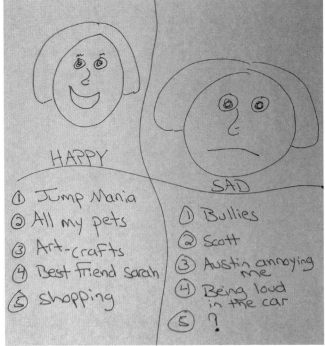

정서 갈기

목표 영역	정서 조절
수준	아동
재료	흰 종이 접시, 마커, 줄, 펀치
형식	개인, 가족, 집단

소개

정서 갈기 기법은 ASD 아동에게 자신이 느끼고 있을 정서를 더 잘 인식하는 기회를 제공한다. 이것은 시각적이고 촉각적인 요소를 통합한 표현적 예술 개입으로, 정서 조절 기술을 습득하는 데 도움이 되는 보다 감각적인 경험을 창출한다.

방법

치료자는 아동에게 얼굴에 쓸 수 있는 갈기(사자의 갈기와 같은)를 함께 만들 것이라고 이야기한다. 치료자와 아동은 흰 종이 접시의 가운데를 잘라낸다. 가운데 조각은 버리고, 남은 종이 접시의 링 부분을 다양한 색으로 색칠한다(접시 링의 안쪽만 색칠한다). 각각의 색깔은 때때로 아동이 느끼는 다른 느낌을 나타낸다. 각 색깔에 대한 감정 단어는 그 감정을 나타내는 색깔에 해당하는 종이 접시 링의 안쪽에다 써야 한다. 일단 접시에 색칠을 다 하면, 각 옆면에 구멍을 뚫고, 각 구멍에 줄을 묶고 아동의 머리에 묶을 수 있게 하여 가운데가 뚫린 마스크를 만든다. 완성된 작품은 사자의 갈기와 비슷할 것이다. 일단 머리에 갈기를 쓰고 나서, 아동은 거울을 보고, 각 감정을 자세히 검토하고, 그런 식으로 느끼게 만든 때나 일에 대해 이야기해야 한다. 치료자는 아동과 함께 어떻게 다른 시간에 자신의 마음속에 다른 감정을 가지고 있는지 그리고 다른 감정을 느끼고 이를 구분하는 것을 배우는 것이 얼마나 괜찮은 것인지에 대해 논의해야 한다.

이론적 근거

이 기법은 아동이 정서를 구분하고, 이해하고, 표현하는 것을 익히도록 돕는다. 아동은 또한 이 기법을 통해 소근육 기술과 언어적 의사소통을 익힌다. 이 기법을 주기적으로 실시하면, 아동은 하루하루 감정이 어떻게 변할 수 있고 상황이나 시간에 따라 한 사람이 느끼는 특정 감정이 얼마나 많이 변할 수 있는지에 대해 학습하게 될 것이다. 만약 아동이 더 손상된 수준에 놓여 있다면, 치료자는 만들기 작업을 더 많이 할 것이고 아동이 자신의 정서를 구별하는 것에 도움을 줄 것이다. 갈기를 쓰고, 거울을 보면서 감정을 논의하는 것은 자신의 정서와 더 잘 연결되고 자신의 정서에 대한 소유권을 가지도록 돕는다. 또한 이러한 요소들은 개입에 강한 시각적 요소를 제공한다.

정서 갈기

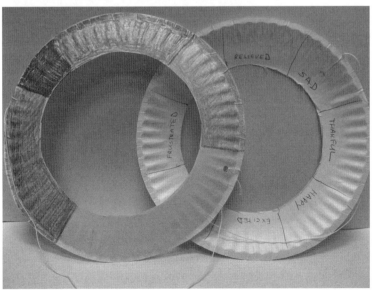

화난 yes, 평온한 yes

목표 영역	정서 조절
수준	청소년
재료	흰 종이, 색도화지, 마커, 풀, 가위
형식	개인

소개

화난 Yes, 평온한 Yes 기법은 청소년이 분노나 기분을 상하게 하는 상황을 찾도록 돕고, 무언가가 그들을 괴롭힐 때 진정하고 이완하기 위해 사용하는 진정 전략이나 개입을 찾도록 돕는다. 분노 외에도 걱정, 불안, 좌절, 실망, 또는 슬픔과 같이, 조절이 곤란한, 부정적 정서라면 그 어떤 것이라도 다룰 수 있다. 치료자는 청소년이 어려움을 겪는 특정 정서 조절 문제를 다룰 수 있는 개입을 목표로 해야 한다.

방법

청소년에게 2개의 사람 윤곽선을 종이에 그리라고 이야기한다. 한 사람은 '화난 사람'으로 정하고, 다른 사람은 '평온한 사람'으로 정한다. 치료자는 청소년에게 2개의 사람 윤곽선은 모두 청소년 자신을 나타내는 것이라고 알려준다. 청소년은 각 사람 윤곽선에 사용할 색도화지 조각을 고른다(한 가지 색은 화난 사람에게, 한 가지 색은 평온한 사람에게). 청소년은 색도화지를 잘라서 각 사람에게 붙인다. 청소년에게 화난 사람을 위해 자른 종이 조각에는 자신을 화나게 만든 것에 대해 쓰라고 이야기하고, 평온한 사람을 위해 자른 종이 조각에는 자신을 평온하게 만드는 것에 대해 쓰라고 이야기한다.

치료자는 청소년이 자신을 화나게 만든 것과 평온하게 만든 것을 찾아낼 수 있도록 도와야 할 것이다. 그다음 청소년은 자신을 평온하게 만드는 것을 연습한다. 치료자와 청소년은 청소년이 자신을 화나게 만드는 상황과 그다음 진정시키는 활동이라고 파악한 것으로 구성된 시나리오로 역할놀이를 해야 한다.

이론적 근거

이 기법은 청소년이 정서를 확인하고, 이해하고, 표현하고, 다룰 수 있도록 돕는다. 청소년에게는 화가 난 다음에 진정시키는 전략을 시도하거나 적용해 보도록 권해야 한다. 청소년은 이 기법을 가정으로 가지고 가서 진정시키는 활동을 연습할 수 있다. 또한 부모에게도 이 개입을 실시하는 방법을 가르칠 수 있고 부모는 가정에서 자녀와 함께 연습할 수 있다.

화난 yes, 평온한 yes 예들

감정 카드 정렬

목표 영역	정서 조절
수준	청소년
재료	여러 개의 색인 카드들, 펜, 연필
형식	개인

소개

청소년은 일반적으로 그들의 삶에서, 특히 관계에 관하여, 자신의 정서로 의사소통하는 것에 어려움을 겪고 있다. 감정 카드 정렬 기법은 특히 가족과의 다양한 관계와 관련이 있다고 느끼는 정서를 정확히 확인하고 구별할 수 있도록 도와준다.

방법

치료자는 청소년에게 자신의 삶에서 다른 관계에서 느낄 수 있는 다양한 감정들을 찾도록 돕기 위해 색인 카드를 사용할 것이라고 설명한다. 청소년은 색인 카드에 생각할 수 있는 만큼 많은 감정을 적는다(카드당 한 가지 감정). 또한 치료자는 색인 카드에 다양한 감정들이 나타날 수 있도록 감정/색인 카드를 추가할 수 있다. 그다음 청소년은 가족 구성원의 이름을 카드에 적어서 각 가족 구성원의 카드를 만든다. 치료자는 가족 구성원들의 카드를 가지고, 한 번에 한 장씩 내려놓는다. 그다음, 청소년은 감정 색인 카드에서, 가족 구성원에게 느끼는 감정을 선택하고 이 감정 카드를 그 가족 구성원 카드 근처에 내려놓는다. 치료자와 청소년은 그다음 자신이 그 가족 구성원에 대해 왜 이런 감정을 느끼는지에 대해 논의한다. 치료자와 청소년은 각 가족 구성원 카드를 가지고 이 과정을 반복한다.

　상호교류 형태에서는 치료자가 특정 가족 구성원 카드를 내려놓으면 청소년이 그 가족 구성원이 느낀다고 생각하는 감정에 해당하는 감정 색인 카드를 선택할 수도 있다. 그다음 치료자와 청소년은 왜 그 가족 구성원이 그렇게 느낀다고 생각하는지에 대해 논의한다. 상호교류 형태는 다른 사람의 감정을 확인하고 이해하도록 돕는다.

이론적 근거

감정 카드 정렬 개입은 청소년이 정서를 확인하고, 이해하고 표현하고, 다른 사람의 정서를 확인할 수 있도록 돕는다. 감정 카드 정렬 게임은 가족 관계를 넘어서 확장될 수 있는데, 예를 들면 친구, 선생님, 의사 등과 같이 청소년의 생활 속에 존재하는 다른 사람들을 포함해서 실시할 수 있다.

감정 퀴즈

목표 영역	정서 조절
수준	아동과 청소년
재료	종이, 연필
형식	개인

소개

감정 퀴즈 기법은 명료하게 감정을 알아차리고 감정에 연결하는 것이 어려운 아동과 청소년을 돕는다. 퀴즈 형식은 아동에게 감정에 대해 생각하고 시도하고 가능한 많은 감정을 명명하게 하는 재미있고 매력적인 방법을 제공한다. 치료자들은 활기차고 극적이고 재미있게 감정 퀴즈를 내야 한다.

방법

치료자는 아동과 청소년에게 감정 퀴즈를 맞출 것이라고 설명한다. 치료자는 과장된 방법으로 퀴즈를 내야 하고 진짜 공식적인 퀴즈처럼 심각하지 않고, 가볍게 진행되도록 노력해야 한다. 아동은 정해진 수만큼 감정을 말해야 한다. 아동의 연령과 발달 수준에 따라 숫자는 정해진다. 치료자는 아동에게 아직은 어렵지만 성취할 수 있을 정도로 숫자를 정해야 한다. 중요한 것은 아동이 성공적으로 감정을 맞히는 것이다. 아동이 감정을 명명하기 시작하면, 치료자는 아동이 무엇을 말했는지, 목표한 숫자에 도달했는지 알기 위해 감정들을 적어둔다.

치료자는 아동이 감정을 맞힐 수 있도록 힌트를 줄 수 있다. 아동에게 학교나 방학 중에 있는 것과 같이 특정 장소나 상황, 그리고 그 장소나 상황에서 어떤 감정을 느끼는지 생각해 보게 하는 것이 힌트를 주는 예시가 될 수 있다. 일단 아동이 정해진 숫자만큼 다 맞히면, 치료자는 캔디 한 개나 작은 상과 같은 보상을 줄 수 있다.

이론적 근거

이 기법은 아동과 청소년이 정서를 식별하도록 돕는다. 보통 이 기법은 빨리 할 수 있고, 한 회기 내내 할 필요가 없으므로 다른 기법과 함께 실시할 수 있다. 아동이 점점 더 많은 감정을 식별할 수 있는지 알기 위해 상담을 하는 동안 이 기법을 정기적으로 실시해야 한다. 치료자는 아동이 아무런 힌트 없이도 더 많은 감정을 식별하는 능력이 향상되는 것을 도표로 작성할 수 있다. 감정 퀴즈는 아동의 감정 식별 능력의 향상을 평가하는 비공식적인 양적 측정척도의 역할을 할 수 있다.

감정 이야기 쓰기

목표 영역	정서 조절
수준	아동과 청소년
재료	종이, 연필
형식	개인, 집단

소개

이 개입은 아동이 정서를 더 충분히 개념화하도록 돕는다. 아동은 감정을 알아차리고, 특정 감정을 유발할 수 있는 것이 무엇인지 이해하고, 다른 사람의 감정을 인식하는 것을 익히게 된다. 감정 이야기들은 다양한 정서와 상황을 보여주기 위해 만들 수 있는데, 이때 이야기 형식을 사용한다.

방법

치료자는 아동이나 청소년에게 미리 준비한 정서 단어로 짧은 이야기를 완성하게 한다. 그 예는 다음과 같다.

_____ 행복한 _____

_____

_____ 슬픈 _____ 수줍은 _____

_____ 사랑받는 _____

_____ 화난 _____

_____ 흥분한 _____ 걱정되는 _____

_____

정해진 자리에 이미 배치되어 있는 감정 단어들을 반드시 포함하여 문맥이 통하기만 한다면 아동이 원하는 어떤 이야기라도 쓸 수 있다. 일단 이야기를 다 만들고 나면, 아동은 치료자 앞에서 그 이야기를 읽는다. 치료자는 아동과 함께 아동이 만든 이야기를 정리할 수 있다. 치료자는 어린 아동이나 이야기를 쓰는 것이 힘든 아동을 도와야 할 것이다.

이론적 근거

이 기법은 아동과 청소년이 정서를 알아차리고 이해하고, 표현하도록 돕는다. 이 기법에서는 소근육 기술들과 언어적 상호작용도 다룬다. 이야기 견본을 여기에 제시하였지만. 치료자는 이를 더 쉽게 만들 수 있다. 어떤 아동들은 미리 적어놓은 감정 단어들 사이에 자신의 이야기를 쓸 공간이 더 필요할 수 있으므로, 치료자는 아동에게 견본에 있는 선들은 대략 비슷한 간격으로 그어놓은 것임을 알려줘야 한다. 치료자들은 아동이 원한다면 자신만의 견본을 만들게 할 수 있다.

감정 이야기 쓰기 견본

_____ 행복한 _____

_____

_____ 슬픈 _____ 수줍은 _____
_____ 사랑받는 _____
_____ 화난 _____
_____ 흥분한 _____ 걱정되는 _____

_____

_____ 행복한 _____

_____

_____ 슬픈 _____ 수줍은 _____
_____ 사랑받는 _____
_____ 화난 _____
_____ 흥분한 _____ 걱정되는 _____

_____

_____ 행복한 _____

_____

_____ 슬픈 _____ 수줍은 _____
_____ 사랑받는 _____
_____ 화난 _____
_____ 흥분한 _____ 걱정되는 _____

_____

감정 예언자

목표 영역	정서 조절
수준	아동과 청소년
재료	종이, 마커
형식	개인, 가족, 집단

소개

ASD 아동과 청소년은 정서 조절과 관련된 다양한 요소들에서 어려움을 겪을 수 있다. 감정 예언자 기법은 정서 조절과 관련된 다른 영역들을 연습하는 기회를 제공한다. 치료자는 아동이 그렇게 느꼈던 시간에 대해 이야기를 나누고, 얼굴에 감정을 드러내고, 감정을 행동으로 나타내고, 다른 사람이 감정을 느끼는 것을 알게 된 때에 대해 말하고, 감정에 대해 정의하고, 또는 언제 다른 사람이 이 감정을 느낄지 알아내는 것과 같이, 아동이 연습해야 할 정서 조절 영역에 초점을 맞춰 지시문을 만들 수 있다. 일반적으로 아동은 예언자(Fortune Tellers)를 만들어서 움직이는 것을 좋아하고 이를 다양하게 만들고 싶어한다.

방법

치료자는 아동에게 종이 감정 예언자를 만들 것이라고 설명한다(만드는 방법에 대한 설명은 여기에 제시하였다). 예언자의 바깥 면에는 숫자를 써야 하고, 안쪽에는 색깔 이름을 쓰고, 색깔 면의 반대쪽 면의 꼬리부분에는 감정 단어를 쓴다. 예언자를 만든 후에, 치료자와 아동은 교대로 순서를 바꾸면서 게임을 할 수 있다.

게임의 기본 과정은 다음과 같다. 치료자가 예언자를 손가락으로 잡는다. 아동은 숫자를 선택하고 치료자는 아동이 선택한 숫자만큼 예언자를 앞뒤로 움직인다. 치료자는 예언자를 열고 아동은 색을 고른다. 치료자는 그 색이 있는 면의 덮개를 들어 올려서 감정이 나타나게 한다. 아동은 자신을 그렇게 느끼게 한 것에 대해 이야기하고, 감정을 행동으로 나타내거나, 또는 감정에 대한 정의를 내린다.

이론적 근거

이 기법은 정서 구별, 정서 표현, 그리고 다양한 정서 조절의 어려움에 대해 다룬다. 감정 예언자는 다른 크기로 만들 수 있고 색도화지를 사용해서 다른 색으로 만들 수 있다. 치료자와 아동은 예언자 게임을 여러 번 할 수 있다. 아동은 자신이 만든 예언자를 집으로 가져가서 다른 가족 구성원과 함께 놀이할 수 있다. 부모에게는 가정에서 자녀와 함께 감정 예언자에 감정을 추가하도록 권할 수 있다. 예언자를 만들고 놀이하기 위한 안내문은 그림이나 동영상으로 온라인에서 쉽게 볼 수 있다.

감정 예언자 게임 방법

치료자는 바깥에 숫자가 보이도록 예언자를 잡고 아동은 숫자를 고른다. 치료자는 앞뒤로 예언자를 움직이고, 예언자를 연다. 안쪽에 색이 보이면 아동은 색을 고르고 치료자는 색이 있는 면을 들어 올리고 밑면에 적혀 있는 감정 단어를 읽는다. 치료자와 아동은 그 정서와 관련된 지시에 따라 활동을 한다.

예언자 만드는 방법

감정 퍼즐

목표 영역	정서 조절
수준	아동과 청소년
재료	백지 퍼즐, 마커
형식	개인, 가족, 집단

소개

ASD와 다른 발달장애를 가진 아동과 청소년은 종종 시각적 학습에 강하다. 이 개입은 아동이 주기적으로 경험할 수 있는 감정을 알아차리도록 돕고 아동이 기억할 수 있는 다른 감정을 시각적으로 표현하게 한다. 또한 촉각적 요소와 퍼즐을 완성하는 부분은 아동에게 참여의식, 질서 및 창의성을 제공한다.

방법

치료자는 아동에게 백지 퍼즐을 사용해서 함께 감정 퍼즐을 만들 것이라고 이야기한다. 치료자는 아동에게 백지 퍼즐 조각들 뒷면에 각기 다른 감정 단어들을 적으라고 이야기한다. 치료자는 아동이 다른 감정들을 생각하도록 도와야 하고 여기에 아동이 어려움을 겪고 있을 부정적인 감정이 포함되도록 노력해야 한다. 퍼즐의 앞면에는 아동이 원하는 대로 장식을 할 수 있다. 일단 퍼즐이 완성되면, 퍼즐을 분리하고, 치료자와 아동은 함께 퍼즐을 맞춘다. 퍼즐 조각이 연결될 때마다, 아동은 각 퍼즐 조각에 적혀 있는 감정을 느꼈던 때를 이야기하거나 그 기분이 어떨지 행동으로 보여준다.

이론적 근거

감정 퍼즐은 아동과 청소년이 정서를 알아차리고, 이해하고, 표현하도록 돕는다. 또한 아동은 이 기법을 가지고 소근육 기술과 언어적 상호작용을 익힌다. 퍼즐 조각들은 아동에게 감정에 대한 강한 시각적 표현을 제공하고 아동은 퍼즐을 분리했다가 다시 맞추는 행동을 통해 목표로 한 정서에 대해 더욱 잘 알게 된다. 아동은 자신이 만든 퍼즐을 집으로 가져가서 부모와 함께 맞춰야 하고 부모와 함께 감정에 대해 이야기하고 확인하는 연습을 해야 한다. 부모와 아동은 다른 감정 단어들을 사용해서 새로운 퍼즐을 만들 수도 있다. 백지 퍼즐은 크기가 다양하고 퍼즐 조각의 수도 다양하다. 아동에게 좋은 기본 크기는 퍼즐 조각이 9개인 작은 퍼즐이다. 청소년에게는 더 많은 수의 조각퍼즐을 사용할 수 있다. 퍼즐을 구매할 좋은 웹사이트는 www.blank-puzzles.com이다.

감정 퍼즐

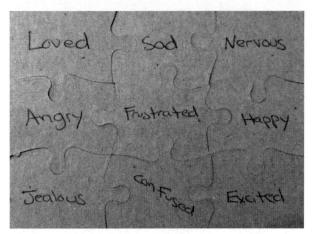

(퍼즐 뒷면 : 각 조각에는 감정이 적혀 있다.)

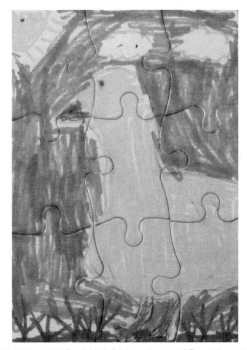

(퍼즐 앞면 : 아동은 자신이 원하는 대로 그림을 그릴 수 있다.)

기분 수준 색상카드

목표 영역	정서 조절
수준	아동과 청소년
재료	페인트 색상카드들, 펜
형식	개인, 집단

소개

ASD 아동과 청소년은 종종 감정을 구분하는 것에 어려움을 겪는다. 행복한, 슬픈, 매우 화난과 같은 기본적인 감정들은 식별할 수 있지만, 각 감정의 더 섬세한 차이를 식별하는 것은 어려울 수 있다. 이 개입은 아동이 더 넓은 범위에서 정서 표현을 식별하고 이해할 수 있도록 돕는다.

방법

아동에게 다양한 색의 페인트 색상카드(여기에 제시한 예를 참조하라)를 사용하여, 생각할 수 있는 특정 감정의 모든 표현 형태를 적으라고 이야기한다. 일반적인 감정 범주에는 화난, 슬픈, 행복한 및 불안한 등이 포함된다. 예를 들어, 치료자는 페인트 견본을 '화난'으로 고를 수 있다. 그다음 아동은 화난과 비슷한 감정을 생각해야 한다. 아동은 '짜증난', '격분한', '괴로운', '좌절된'이라고 적을 수 있다. 일반적으로, 아동은 행복한, 슬픈, 화난의 페인트 견본을 만들 것이다. 일단 아동이 생각할 수 있는 감정의 모든 표현 형태를 적고 나서, 아동이 놓친 것이 있다면 치료자는 이를 추가할 수 있다.

일단 이런 감정들을 적은 후에, 아동에게 아동이 가장 빈번하게 느끼는 감정에서부터 거의 느끼지 않는 감정까지 순위를 정하라고 설명한다. 일단 순위를 다 정하고 나면, 치료자와 아동은 가장 높은 순위를 받은 감정부터 다루고 그런 식으로 느끼게 한 일에 대해 논의한다.

이론적 근거

기분 수준 색상카드 기법은 아동과 청소년이 정서를 알아차리고, 이해하고, 표현하고, 감정의 단계를 이해하도록 돕는다. 치료자는 아동에게 다른 감정에도 유사한 요소가 있을 수 있다는 것을 강조하기 위해 다양한 색상을 사용해야 한다. 예를 들어, 외로운 그리고 거절된 감정은 슬픈 감정과 유사하다. 이 개입은 정서의 다양한 뉘앙스에 대한 아동의 인식이 증가되도록 돕는다. 다른 감정들을 가지고 새로운 페인트 견본을 만들 수 있고, 아동이 식별하는 주된 감정을 보여주기 위해 일반적 감정 표본을 만들 수 있다. 페인트 색상카드는 철물점이나 페인트 매장에서 무료로 얻을 수 있다. 아동은 자신의 감정을 정확하게 알아차릴 수 있도록 페인트 견본들을 집으로 가져가서 참고하고 계속 사용해야 한다.

기분 수준 색상카드

감정 풍선 그리기

목표 영역	정서 조절
수준	아동과 청소년
재료	종이, 마커, 연필, 풍선
형식	개인

소개

감정 풍선 그리기 기법은 아동이 다른 상황에서 경험할 수 있는 감정에 대해 생각하게 하는 재미있고 매력적인 방법이다. 아동은 종종 특정한 상황, 환경, 또는 사람을 생각하고 특별한 것에 대하여 느끼는 감정을 인식하면서 더 많은 감정을 식별할 수 있다.

방법

아동에게 큰 풍선 1개를 종이에 그리라고 설명한다. 아동에게 큰 풍선 안에 자신이 생각할 수 있을 만큼 많은 감정을 적으라고 설명한다. 이것은 아동이 다시 참고하게 될 대장 풍선이다. 그다음 아동에게 작은 풍선 4개를 종이에 그리라고 이야기한다. 각 풍선은 다른 색으로 그려야 한다. 치료자는 그 종이를 가지고 가서 작은 풍선 중 하나에다 '학교'와 같이, 제목을 붙인다. 아동은 그 풍선에 학교에 대한 느낌이라고 생각할 수 있는 모든 감정을 적는다. 아동은 대장 풍선을 참고할 수 있다. 만약 대장 풍선에 적지 않은 감정이 생각나면, 아동은 그 감정을 학교 풍선과 대장 풍선에 모두 적는다. 학교 풍선 활동이 끝나면, 아동은 진짜 풍선을 갖게 되고 집으로 가져갈 수 있다. 치료자는 남은 3개의 작은 풍선에도 제목을 붙여서 이 놀이를 반복하고 아동은 그 제목에 관해 자신이 가지고 있는 감정을 찾는다.

  학교, 집, 엄마, 아빠, 형제, 음악수업, 보이스카우트, 병원, 비디오 게임하기 등을 제목으로 할 수 있다. 치료자는 아동이 매우 다양한 감정들을 생각해 낼 수 있는 제목을 골라야 한다. 모든 풍선으로 놀이를 하고 난 후, 치료자와 아동은 아동이 찾아낸 모든 감정에 대해 논의할 수 있다.

이론적 근거

이 기법은 아동과 청소년이 정서의 정확한 단어를 알고, 이해하며, 표현하도록 돕는다. 또한 이 기법은 아동이 한 주제에 대해 하나 이상의 감정을 가질 수 있다는 것과 이러한 감정들 중 일부는 긍정적인 감정과 부정적 감정이 혼합되어 있다는 것을 이해하도록 돕는다. 특정 상황과 그 상황에 대한 느낌을 생각하게 하면, 일반적으로 아동은 더 많은 감정을 찾아낼 수 있다. 아동은 가정에서 부모와 함께 더 많은 감정 풍선을 만들어 놀이할 수 있다.

감정 풍선 그리기 예

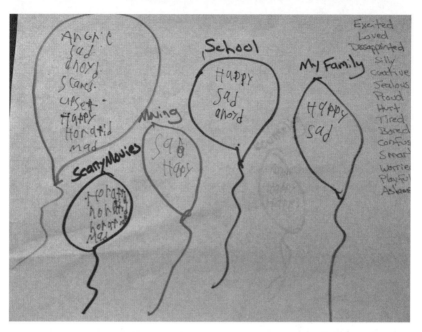

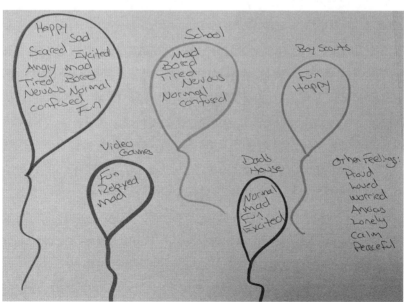

감정 목록에서 손가락 멈추기 게임

목표 영역	정서 조절
수준	아동과 청소년
재료	종이, 바구니
형식	개인

소개

감정 목록에서 손가락 멈추기 게임은 단순하지만 아동과 청소년이 감정에 대해 생각하고, 무엇 때문에 그렇게 느끼게 되는지 이야기하고, 부정적인 감정을 경험하고 있을 때 자신의 감정을 잘 조절하기 위해 무엇을 할 수 있는지를 이야기하는 데 효과적인 방법이다.

방법

아동에게 12개의 감정 목록을 만들라고 이야기한다(이 책의 부록에는 감정을 찾을 수 있도록 감정표나 감정 목록을 제시해 놓았는데, 아동은 이것을 찾아볼 수 있다). 아동은 1~12번까지 번호가 세로로 쓰여 있는 종이에 감정을 적는다(기록지는 여기에 제시하였다). 일단 아동이 목록을 완성하면, 치료자는 목록을 가져가고, 그 목록을 보지 않은 채 자신의 손가락을 위아래로 움직이다가 아동이 그만이라고 말할 때 멈출 것이라고 설명한다. 치료자의 손가락이 멈춘 곳에 있는 감정이 무엇이든지 간에, 아동은 언제 그런 식으로 느꼈는지에 대해 이야기해야 한다. 만약 그 감정이 부정적인 것이라면, 아동은 무엇을 해야 기분이 더 좋아질 수 있는지 이야기해야 한다.

치료자는 아동의 연령과 발달 수준을 고려해서 아동을 도와야 한다. 부정적 감정에 대해 이야기할 때, 치료자와 아동은 부정적 정서를 조절하거나 더잘 대처할 수 있는 것으로 확인된 전략을 가지고 역할놀이를 할 수 있다. 치료자와 아동은 역할을 바꿀 수도 있는데, 이때 치료자는 자신의 감정을 나눌 수 있고, 아동에게 감정을 나누고 부정적인 감정을 다루기 위한 아이디어를 논의하는 것에 대한 역할 모델이 될 수 있다.

이론적 근거

감정 목록에서 손가락 멈추기 게임은 아동과 청소년이 정서를 알아차리고, 이해하고, 표현하도록 돕는다. 이 기법은 새로운 감정으로 새로운 목록을 만들면서 계속 반복할 수 있다. 감정을 행동으로 나타내거나 표정을 지어보는 것처럼 변형한 활동을 추가할 수 있다. 종종 아동은 치료자와 역할을 바꿔서 치료자가 작성한 감정 목록에 자신의 손가락을 위아래로 움직이는 것을 재미있어 한다. 부모에게는 가정에서 이 놀이를 할 수 있도록 지도할 수 있고 자녀와 정기적으로 놀이하도록 권할 수 있다. 치료자와 부모는 여기에 제시해 놓은 용지를 사용할 수도 있고 자신이 만들 수도 있다.

감정 목록에서 손가락 멈추기 게임

1) _____

2) _____

3) _____

4) _____

5) _____

6) _____

7) _____

8) _____

9) _____

10) _____

11) _____

12) _____

갑자기 다른 놀이하기

목표 영역	정서 조절
수준	아동과 청소년
재료	다양한 놀이 장난감들/게임들
형식	개인

소개

ASD와 발달장애를 가진 아동과 청소년은 종종 계획이 바뀌거나 갑작스럽게 생기는 일이나 즉흥적으로 일어나는 일에 어려움을 겪는다. 이 개입은 아동이 갑작스러운 계획 변경을 경험할 때 또는 어떠한 사전 통보도 없이 그냥 어떤 일이 발생하는 경험을 하게 될 때, 재미있는 방법으로 이를 조절하고 대처하는 연습을 하게 한다.

방법

치료자는 아동에게 계획이 변경되는 것이나 사전 통보 없이 일이 발생하는 것을 더 잘 처리하는 방법에 대해 함께 다룰 것이라고 설명한다. 치료자는 아동에게 놀이하고 싶은 게임들을 찾아보라고 한다. 전통적인 보드게임들이나 어떤 종류의 게임이라도 가능하다. 만약 아동이 아무것도 생각하지 못한다면, 치료자는 아동에게 익숙한 게임을 몇 가지 제안해야 한다. 치료자와 아동은 찾아낸 게임 중 하나를 가지고 놀이를 시작한다. 약 5분 뒤에, 치료자는 아동에게 더 이상 이 게임을 하지 않을 것이라고 말하고 정해 놓은 게임 중 다른 것을 선택해서 놀이한다. 치료자와 아동은 두 번째 게임에서도 5분만 놀이를 하고, 그다음 치료자는 다시 게임을 멈추고 다른 게임을 선택한다. 거의 한 회기 내내 계속 이렇게 게임을 한다. 회기가 거의 끝나갈 때, 치료자는 아동과 함께 그 과정에 대해 이야기하고 사전 통보 없이 계속 변화가 생기는 것에 대해 어떻게 느꼈는지 질문한다. 그다음 치료자와 아동은 원래 계획에서 변화가 생기는 것과 즉흥적으로 발생하는 일에 대해 논의하고 어떻게 하면 아동이 이런 변화를 경험하면서도 괜찮다고 느낄 수 있을지에 대해 논의한다.

이론적 근거

이 기법은 아동과 청소년이 일반적인 조절을 익히고 갑작스러운 계획의 변화나 사전 통보나 준비 없이 생길 수 있는 일들을 다루는 기술을 발달시키도록 돕는다. 치료자와 아동은 일에 변화가 생길 때 침착할 수 있는 방법에 대해 논의하는 데 시간을 보내기 원할 수도 있고 이 기법을 실시하는 동안 이러한 전략들을 연습하기 원할 수도 있다. 이 개입이 가진 재미있는 요소 때문에 아동은 불안이 덜 자극되는 상황에서 변화에 대한 조절 연습을 하게 된다. 아동이 그냥 생기는 사건에 대해 더 편안해지려면 반복해서 연습하는 것이 중요하다. 치료자는 여러 회기에 걸쳐 이 기법을 실시할 수 있고 가정에서 이 개입을 실시하는 방법을 부모에게 가르칠 수 있다.

불안 제거 공구상자

목표 영역	정서 조절
수준	아동과 청소년
재료	작은 상자, 미술 재료들
형식	개인, 가족

소개

이 개입은 아동이나 청소년이 불안이나 조절곤란을 느낄 때 이용할 수 있는 포괄적인 도구를 제공한다. ASD 아동에게는 자신 스스로 진정하기 위해 선택할 수 있는 많은 '도구'가 필요할 것이다. 불안 제거 공구상자 기법은 사용하기 쉬운 장소에 아동의 도구를 모아놓아서 아동이 스스로 진정하거나 조절할 때 필요한 것을 선택할 수 있도록 한다.

방법

치료자는 아동에게 함께 상자를 만들어서 아동이 불안, 당황, 압도감을 느낄 때 자신이 진정되고 조절될 수 있도록 돕는 몇 가지 생각을 그 안에 넣을 것이라고 설명한다. 치료자는 작은 카드꽂이 상자를 아동에게 주고 원하는 방식으로 꾸미게 한다. 아동은 상자 어딘가에 자신의 이름을 써야 한다. 상자 꾸미기가 끝나면, 치료자는 아동에게 종이를 길게 여러 조각으로 자르라고 이야기한다. 각각의 종이 위에 치료자와 아동은 아동이 불안이나 조절곤란을 느낄 때 진정하기 위해 할 수 있는 일들을 쓰게 될 것이다. 치료자는 아동에게 스스로를 진정시킬 때 도움이 된다고 느끼는 것에 대해 의견을 듣겠지만, 이 개입을 설명하기 전에, 현재 아동의 생활 속에서 아동이 화가 났을 때 스스로 진정될 수 있도록 돕는 기법, 전략, 또는 게임을 찾아낼 수 있는 아동의 부모, 교사, 또는 모든 사람들에게서도 그 의견을 들어야 한다. 치료자는 또한 아동을 도울 수 있는 몇 가지 아이디어도 가지고 있어야 하고 이 아이디어를 상자에 추가할 수도 있다. 일단 상자가 다 완성되면, 치료자와 아동은 진정시키는 전략으로 연습하고 역할놀이를 해야 한다.

이론적 근거

이 기법은 아동과 청소년이 불안을 감소시키고, 조절하고, 스스로 진정할 수 있게 돕는 전략을 학습하게 한다. 불안 제거 공구상자에는 어떤 것이라도 넣을 수 있다. 아동이 스스로 진정할 수 있게 돕거나 도울 수 있는 모든 활동, 게임, 과정 등을 종이에 써서 상자 안에 넣을 수 있다. 아동에게는 그 상자를 집으로 가지고 가서, 조절곤란을 느낄 때 스스로 진정하기 위해 할 수 있는 일을 상자 안에서 찾도록 권한다.

불안 측정기

목표 영역	정서 조절
수준	아동과 청소년
재료	종이, 마커
형식	개인, 가족, 집단

소개

ASD와 발달장애를 가진 아동과 청소년들은 종종 조절곤란의 단계나 불안의 단계를 구분하는 데 어려움을 겪는다. 이 개입은 아동과 청소년이 조절곤란의 단계를 알도록 돕고 불안의 단계를 만드는 상황이나 계기를 알도록 돕는다.

방법

치료자와 아동은 종이에 온도계 윤곽선을 그린다(온도계 견본을 사용할 수도 있다). 치료자와 아동은 온도계에 다른 상황들을 결정하는데, 맨 아래에는 불안을 만들지 않는 상황을 적고, 점차 온도계의 윗부분으로 올라가면서 아동에게 불안이나 조절곤란을 증가시키는 상황들을 적는다. 그다음 치료자와 아동은 모든 상황에 대해 검토하고 각 단계에서 자신이 진정되기 위해 할 수 있는 것에 대해 이야기한다.

치료자는 불안 제거 도구상자 기법과 같은 다른 개입을 참고할 수 있고, 종이에 그려진 온도계 옆에다 각각의 단계에 있을 때 아동이 실시할 수 있는 다른 개입들을 적는다. 그다음 치료자와 아동은 불안을 유발하는 다양한 상황으로 역할놀이를 할 수 있고 불안과 조절곤란을 감소시키도록 돕는 개입을 실시하면서 연습할 수 있다.

이론적 근거

이 기법은 아동과 청소년에게 불안과 조절곤란이 감소되도록 돕는다. 이 개입은 아동과 청소년이 조절곤란을 느끼기 시작할 때와 증폭되기 전에 조절곤란이 진행되고 있는 때를 알아차릴 수 있도록 돕는다. 치료자는 불안의 각 단계들을 유발하는 각기 다른 상황에 대해 명확히 이해해야 한다. 치료자는 이 개입을 끝내기 전에 아동의 부모와 면담하고 싶을 것이다. 아동은 불안 측정기를 가지고 가서 참고하기 위해 집에 붙여 놓아야 한다. 부모에게는 이 개입을 지도하고 가정에서 이 개입을 실시할 것을 권할 수 있다. 또한 부모가 자녀의 조절곤란을 알아차리고 자녀에게 진정하는 전략을 실시해서 자녀를 돕고자 할 때 자녀에게 불안 측정기 기법을 실시하도록 권할 수 있다.

불안 측정기 예

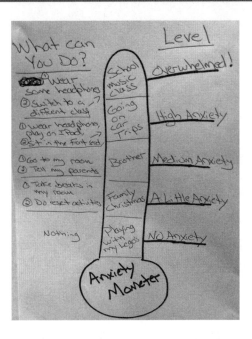

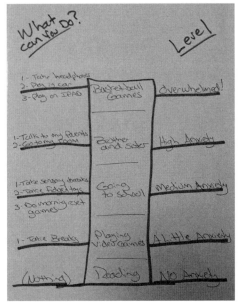

진정제 그림엽서

목표 영역	정서 조절
수준	아동과 청소년
재료	그림엽서들, 연필
형식	개인, 집단

소개

ASD와 발달장애를 가진 아동과 청소년은 많은 정서를 경험하고 있을 때 조절에 어려움을 겪는다. 정서는 긍정적일 수도 있고 부정적일 수도 있다. 진정제 그림엽서 기법은 아동이 과도한 자극과 조절곤란을 야기하는 상황을 알아차리도록 돕고 아동 스스로 차분해질 수 있는 인지적, 시각적, 기억 전략을 제공한다.

방법

이 개입에서는 실제 그림엽서를 사용하거나 치료자와 아동이 종이로 만든 그림엽서를 사용할 수 있다. 치료자와 아동은 아동이 잘 조절되지 않는다고 느낄 때 침착함을 상기시켜 주는 그림엽서를 쓴다. 그림엽서에는 아동이 어려움을 겪고 있는 일반적인 상황을 적어야 하고 그 상황에서 아동이 할 수 있는 인지적 확신이나 간단한 자기 진정 활동을 적어야 한다. 그림엽서에는 또한 아동이나 치료자가 자기 진정 활동을 표현하는 그림을 그릴 수도 있다.

아동에게는 그림엽서를 집으로 가져가서 사용하기 쉬운 곳에 두고 자신이 잘 조절되지 않는다고 느낄 때 참고하라고 이야기한다. 치료자는 아동이 차분해지는 데 효과가 있다고 생각하는 전략에 대해 부모와 상담하고자 할 것이다. 또한 치료자는 아동에게 진정 전략이 도움이 되었는지 확인하기 위해 전략을 제안하고 아동과 함께 그 전략을 연습할 수 있다.

이론적 근거

진정제 그림엽서는 아동과 청소년이 조절곤란을 느낄 때 참고하고 계속 떠올릴 수 있는 시각적 도움을 제공한다. 또한 이 기법에서는 아동에게 조절곤란을 일으키는 경향이 있는 실제 상황을 다룬다. 이에 아동은 그런 상황에서 자신을 진정시키는 데 도움이 되는 전략을 개념화하고 기억할 수 있다. 부모들에게는 이 개입을 가르칠 수 있고 자녀와 그림엽서를 더 만들도록 권할 수 있다. 부모들은 자녀가 조절곤란을 느낄 때 그림엽서를 참고할 것을 상기시킬 수 있고 자녀가 인지적 확신을 가지고 진정 전략을 실시하도록 도울 수 있다.

진정제 그림엽서

사랑하는 나에게

오늘은 학교에서 많은 일들이 있었어.
어떤 일은 나를 정말로 화나게 했지.
이제 나는 집에 왔어.
나는 진정하려고 노력할 수 있어.
나는 새롭게 만든 활동을 할 수 있다.

사랑하는 나에게

글쎄 엄마가 내 동생 학교 공연에 가야 한다고
이야기하셨어. 나는 가기 싫어. 난 화가 나.
나는 그 공연을 가면 그림 그리고 색칠하고
헤드폰을 끼고 있을 거야.

사랑하는 나에게

동생이 내 비디오 게임을 엉망으로 만들었어.
나는 화가 나고 그 아이를 때리고 싶어.
나는 진정할 수 있어. 나는 부모님에게 이 일을
이야기할 거야.
나는 펀칭백에 펀치를 날릴 수 있어.

계속 변하는 그림

목표 영역	정서 조절
수준	아동과 청소년
재료	종이, 마커, 연필
형식	개인, 가족, 집단

소개

ASD와 발달장애를 가진 아동과 청소년은 일정과 계획이 변할 때 전환을 받아들이고 유지하는 것에 도움이 필요하다. 이 개입은 아동이 자극이 적은 환경에서 변화를 다루는 연습을 하도록 돕고 변화를 경험할 때 자기 조절하는 방법을 연습하도록 돕는다.

방법

치료자는 아동에게 변화를 경험할 때 이를 다룰 수 있게 하는 활동을 할 것이라고 설명한다. 치료자는 아동이 그림을 그릴 때 그림에 변화가 생길 것이라고 설명한다. 시작하면서 치료자는 아동에게 무언가를 그리라고 지시한다. 잠시 후, 치료자는 지시를 바꾸고 새로운 지시를 준다. 치료자는 마지막 그림이 완성되기 전까지 계속 반복해서 지시를 바꿀 것이다. 치료자가 아동에게 집을 그리고 지붕을 파란색으로 색칠하라고 말하고, 그다음 아동이 지붕을 파란색으로 반쯤 칠하면, 치료자는 지붕을 노란색으로 칠하라고 지시를 바꾼다. 그다음 치료자는 잎이 있는 나무를 그리라고 지시한다. 아동이 나뭇잎을 그리고 있을 때, 치료자는 나뭇잎을 그리지 말라고 지시를 바꾼다. 치료자는 이전에 지시했던 것을 바꾸면서, 주기적으로 새로운 지시를 줄 것이다. 이 기법을 통해 아동은 조절곤란을 겪지 않으면서 변화를 수용하는 연습을 할 수 있다. 치료자는 변화가 생길 때 아동이 느끼는 것을 다루고 이에 대해 아동과 이야기할 수 있다.

이론적 근거

이 개입은 아동과 청소년이 상황과 계획 변화를 통해 조절을 연습하도록 돕는다. 목표는 아동이 '기어 바꾸기'를 학습하고 그 과정 동안 진정할 수 있도록 돕는 것이다. 자극이 적은 '안전한' 환경에서, 아동은 실제 상황에 대한 준비를 더 잘할 수 있다.

치료자는 기본적인 지시에 몇 가지 변화를 주어야 한다. 이를 통해 치료자는 아동이 조절의 어려움을 보다 적게 경험하는 분위기에서 변화를 통해 조절을 연습할 수 있는 기회를 주어야 한다. 치료자는 아동이 침착해지고, 변화를 통해 조절되고, 자신의 실제 생활에 이 예들을 적용하도록 그 과정을 다루어야 한다.

5

사회성 기술 개입

• 사회성 기술 •

기술　　**눈맞춤**　　연습

적절한　　우정

불안한　　상호작용　　표현

사회적인　　매력적인　　**참여하는**

신체언어　　**관계**　　관계 맺기

상호적인　　대화　　**놀이**

실행하다　　**편안한**

친구 콜라주

목표 영역	사회성 기술
수준	아동과 청소년
재료	잡지들, 가위, 풀, 종이
형식	개인, 집단

소개

ASD 아동과 청소년은 종종 또래와 관련된 사회성 기술 때문에 어려움을 겪는다. 이 개입은 아동에게 다른 아동들과 함께 할 수 있는 활동이 무엇인지 알 수 있도록 돕는다. 이 개입에서는 아동과 함께 역할놀이 시나리오를 적용해 보고 다음 회기 전까지 다른 아동과 함께 한 가지 이상의 활동을 해오라는 숙제를 내준다.

방법

아동은 종이에 사람을 그린다. 그다음 아동에게 잡지에서 사진 여러 장을 오리고 자신이 할 수 있거나 다른 아동과 함께 놀이할 수 있는 일들에 대해 적으라고 이야기한다. 아동에게 자신이 그린 사람 그림이나 그 주변에 오려낸 사진들을 붙이게 한다. 아동은 자신이 다른 아동과 함께 할 수 있다고 생각하는 모든 활동에 대해 콜라주를 만든다.

　치료자와 아동은 각 활동을 해 보고 이에 대해 함께 이야기한다. 아동은 각 활동을 하기에 적절한 다른 아동이 누구인지 생각해 보고 그 아동과 함께 활동을 완수하기 위해 시작할 수 있는 일이 무엇인지 토론한다. 적절하다면, 치료자와 아동은 다음 회기 전까지 친구 한 명과 함께 시도해 볼 수 있는 활동에 대해 결정하고, 이에 대한 역할놀이를 하면서 상호작용할 수 있다.

이론적 근거

이 기법은 아동과 청소년이 특히 친구관계를 맺는 기술과 적절한 방법으로 다른 또래와 상호작용하고 놀이할 수 있는 것과 관련된 사회성 기술을 익히 도록 돕는다. 또한 이 개입에서는 아동이 또래와 사회적인 상호작용을 시작할 수 있도록 돕는다. 치료자는 아동이 살펴볼 수 있는 잡지를 여러 권 준비해야 한다. 아동이 집중할 수 있는 잡지가 더 유용하다. 만약 아동이 다른 아동과 할 수 있는 일을 찾아내기 어려워한다면, 치료자는 아동이 생각을 할 수 있도록 도와야 할 것이다. 부모에게 가정에서 이 기법을 실행해 보고 자녀들과 가정에서 다른 콜라주를 만들어 보도록 지도한다. 또한 부모는 아동과 역할놀이를 할 수 있고 다음 회기 전에 아동이 정해 놓은 것 중 하나로 활동을 시작하고 놀이하는 연습을 할 수 있는 놀이시간을 촉진할 수 있다.

친구 콜라주 예

사회성 척도

목표 영역	사회성 기술
수준	아동과 청소년
재료	종이, 연필
형식	개인, 집단

소개

사회성 척도 개입은 치료자들이 더 나은 또는 더 적절한 사회성 반응 발달에 도움이 필요한 아동 또는 청소년에 대한 구체적인 시나리오를 만들도록 돕기 위해 고안된 것이다. 여기에 제시된 예시가 되는 척도를 사용해도 되고 각 아동에게 맞춰서 새로운 척도를 만들 수도 있다. 척도는 아동이 무엇을 인지하고 있는지 확인하는 평가 도구가 될 수도 있고 사회성 기술 발달을 위한 연습 도구가 될 수도 있다.

방법

치료자는 여러 가지 측정기준을 적어 놓은 척도 용지를 만든다. 아동에게 측정할 상황 중 하나를 예로 제시하고 아동은 그 상황에 맞는 반응이라고 생각하는 측정기준에 'X' 표를 한다. 치료자는 아동에게 발달해야 할 기술들과 관련된 측정기준과 상황을 만들도록 노력해야 한다. 일단 아동이 반응을 하면, 아동의 반응은 치료자가 함께 다루어야 한다. 치료자는 건강하지 않거나, 안전하지 않거나, 또는 정확하지 않은 반응 등 어떠한 반응이라도 특별하게 논의해야 한다. 치료자가 줄 수 있는 예시는 다음과 같다. "네가 상점이나 공원에서 놀고 있을 때 낯선 사람이 다가와서 네가 자기와 함께 간다면 아이패드를 그냥 주겠다고 해. 이것을 진실 — 그리고 거짓 척도와 안전 — 그리고 불안전 척도 중 해당된다고 생각하는 곳에 표시해 봐." 예시가 되는 척도는 다음과 같다.

진실이다 _____ 거짓이다

안전하다 _____ 안전하지 않다

이론적 근거

이 기법은 아동과 청소년이 다양한 사회적 기술들과 사회적 상황을 다루도록 돕는다. 척도에서는 안전 문제를 확인하고, 적절한 반응을 제공하고, 개념을 이해하는 것 등을 다룰 수 있다. 일단 아동이 맞다고 생각하는 것에 표시하면, 치료자와 아동은 반응에 대해 점검해야 하고 만약 아동이 부적절하게 반응했을 때 또는 맞는 반응들이 여러 개 있는 상황일 때 이에 대해 논의해야 한다. 부모에게는 이 개입을 지도해서 가정에서 해 보게 하고 회기 사이에 자녀와 정기적으로 놀이를 하고 새로운 상황이 발생하면 이에 대한 새로운 척도를 만들도록 권해야 한다.

사회성 척도 예시들

네가 학교 교실에 앉아 있는데, 네 옆에 앉은 남자아이가 책상을 치기 시작했다.

적절하다 _____ 적절하지 않다

네가 학교에서 복도를 걸어오고 있는데,
다른 학생이 네 옆을 지나가면서 너를 밀었다.

괴롭히는 것이다 _____ 괴롭히는 것이 아니다

네가 학교에서 새로운 친구를 만나서
그 친구가 다닌 이전 학교에 대해 몇 분 동안 이야기를 나누었다.

친구이다 _____ 아는 사람이다

학교에서 한 학생이 너의 머리를 보고는 만화 캐릭터 같다고 말했다.

재미있다 _____ 재미없다

너는 뒤뜰에서 공룡이 걷고 있는 것을 보여주는 유튜브 비디오를 보고 있다.

사실이다 _____ 거짓이다

학교에서 한 학생이 너에게 자신의 담배를 맡아 주면 친구 해 주겠다고 말했다.

괜찮다 _____ 괜찮지 않다

친구이다 _____ 친구가 아니다

견본

_____

사회성 기술 퍼즐

목표 영역	사회성 기술
수준	아동과 청소년
재료	작은 백지 퍼즐, 마커, 연필
형식	개인, 가족, 집단

소개

이 기법은 ASD와 발달장애를 가진 아동과 청소년에게 사회성 기술을 가르치도록 돕는다. 퍼즐의 구성요소는 구체적인 사회성 기술을 배우는 데 촉각적이고 매력적인 요소를 제공한다. 퍼즐을 치료자와 아동이 만들기 때문에 각 퍼즐은 그 아동에게 발달되어야 할 기술에 초점을 맞추어 개별화된다.

방법

치료자는 아동에게 사회성 기술이 발달하도록 돕는 퍼즐을 함께 만들 것이라고 설명한다. 빈칸으로 되어 있는 작은 퍼즐(아동을 대상으로는 6조각, 청소년을 대상으로는 9조각)을 사용하는데, 아동은 각 퍼즐 조각의 뒷면에 자신이 연습해야 할 사회성 기술을 적는다. 앞면에는 아동이 원하는 대로 퍼즐을 꾸밀 수 있다. 더 발달된 아동들은 퍼즐 조각의 뒷면에 적어놓은 사회성 기술을 설명하기 위해 각각의 퍼즐 조각을 꾸밀 수 있다. 그다음 치료자와 아동은 퍼즐 조각을 분리하고 다시 맞춘다. 조각을 맞출 때마다, 치료자와 아동은 그 퍼즐 조각에 쓰여 있는 사회성 기술을 연습한다. 아마도 아동은 자신이 익혀야 할 사회성 기술을 명확히 알기 어려울 것이다. 치료자는 퍼즐 조각에 적을 사회성 기술 몇 개를 미리 정해 놓아야 할 것이다.

이론적 근거

사회성 기술 퍼즐 기법은 아동과 청소년이 다양한 사회성 기술을 익히도록 돕는다. 이 개입은 그들이 곤란을 겪고 있는 구체적인 사회성 기술을 다루는 기회를 제공한다. 치료자는 아동이 퍼즐에 적을 수 있는 사회성 기술을 생각하도록 도와야 하고 그 아동에게 발달되어야 할 사회성 기술이 포함되었는지 확인해야 한다.

치료자와 아동은 퍼즐 조각을 분리한 다음 다시 원래대로 맞추면서, 사회성 기술을 여러 번 연습한다. 부모들에게는 자녀와 함께 이 방법을 적용하도록 가정에서 여러 차례 사회성 기술 퍼즐을 연습하는 방법을 알려준다. 부모와 자녀는 새로운 퍼즐을 만들 수도 있다. 퍼즐을 맞추고, 가족 중 다른 사람들과 사회성 기술을 연습할 수도 있다. 빈칸 퍼즐은 Amazon.com에서 온라인으로 주문할 수도 있다.

사회성 기술 퍼즐

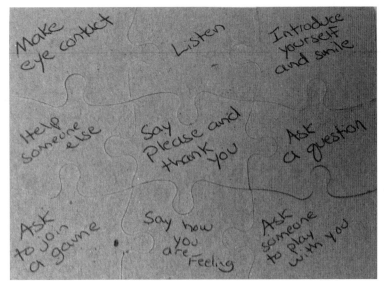

(뒷면 : 연습하기 위해 정해 놓은 9개 사회성 기술)

(앞면 : 정해 놓은 각 사회성 기술을 표현한 그림)

대화를 연습하자

목표 영역	사회성 기술
수준	아동과 청소년
재료	없음
형식	개인

소개

사회성이 결핍된 아동과 청소년은 대화를 시작하고 유지하는 것이 어렵다. ASD 아동 및 청소년은 종종 '잡담'을 하는 것에 어려움이 있고 사회적인 대화에 어떻게 참여하고 무엇을 말해야 하는지 잘 모르겠다고 이야기한다. 이 개입은 아동이 상호적인 대화 속에 존재하는 다양한 요소들을 연습하도록 돕는다.

방법

치료자는 아동에게 상호적인 대화에 참여하는 것을 함께 연습할 것이라고 설명한다. 치료자는 그다음으로 대화를 어떻게 주고받는지에 대해 설명한다. 치료자는 아동에게 질문을 할 것이다. 아동은 그 질문에 대해 옆길로 새지 않고 이야기를 하거나, 질문하는 동안 말하지 않고, 한 단어로만 대답하지 않으면서 간결하게 대답할 것이다. 일단 아동이 질문에 대한 대답을 하게 되면, 그 아동은 치료자에게 다시 질문을 하게 될 것이다. 그 아동은 치료자의 대답을 잘 들을 것이고 치료자가 대답을 다 하고 나면, 치료자가 말한 것을 반복해서 다시 치료자에게 들려주어야 한다. 연습을 위해 이 과정을 여러 번 반복한다.

이론적 근거

대화를 연습하자 기법은 아동과 청소년들이 사회성 기술 중 특별히 대화 기술에 대해 작업할 수 있도록 돕는데, 여기에는 질문하기, 대화에 집중하기, 너무 많이 말하지 않기, 다른 이야기하지 않기, '잡담'에 참여하기, 그리고 다른 사람 이야기를 듣기 등이 포함되어 있다. 이 개입은 여러 번 연습해야만 한다. 아동이 이 개입방법으로 연습을 많이 할수록 대화에 잘 참여할 수 있게 될 것이다.

사탕 질문

목표 영역	사회성 기술
수준	아동과 청소년
재료	사탕
형식	개인, 집단

소개

ASD 아동은 많은 경우에 특별히 공적인 환경에서 간단한 질의응답하는 것이 어렵다. 이 개입은 아동과 청소년이 다른 사람들의 질문에 완전한 대답을 하고 다른 사람에게 질문할 수 있도록 돕는다.

방법

치료자는 스키틀즈처럼 여러 개의 사탕이 들어 있는 사탕 봉투를 선택한다. 치료자는 아동이 좋아하는 것으로 그러나 먹지 못하게 제한된 것이 있는지 고려하여 사탕을 선택해야 한다. 만약 아동이 사탕을 먹을 수 없다면, 치료자는 대안으로 스티커나 동전과 같은 것을 사용해야 한다. 치료자는 아동에게 함께 사탕 질문 놀이를 하게 될 것이라고 말한다. 치료자가 아동에게 개방형 질문을 하면, 아동은 그 질문에 대해 충분히 대답해야 하는데, 아동이 이를 해낸다면, 사탕을 받게 될 것이다. 그다음 아동은 치료자에게 질문을 해야 하고, 치료자는 대답을 하고, 아동은 질문한 것에 대해 사탕을 받는다. 사탕이 다 소진될 때까지 또는 치료자가 이 개입을 끝낼 때까지 이런 방법으로 상호작용한다.

이론적 근거

이 기법은 아동과 청소년이 사회성 기술, 특히 질문하고 대답하는 대화 기술에 대한 작업을 하는 데 도움이 된다. 치료자가 아동에게 질문할 것을 미리 정해서 적어 놓으면 도움이 된다. 아동의 생활 속에서 발생할 수 있는 일들이나 실제 문제들과 관련된 것으로 질문을 만들어 놓아야 한다. 만약 사탕이 아동에게 적합하지 않다면, 스티커나 동전이 대안이 될 수 있다.

치료자는 기술이 발달할 수 있도록 아동과 여러 차례 연습해야 한다. 부모에게 이 개입을 가르칠 수 있고 부모는 상담 회기 사이에 여러 번 자녀와 함께 가정에서 이를 연습해야 한다. 더 많이 연습할수록, 아동에게 더 자신감이 생기고 질문하고 대답하는 것이 편해지면서, 대화 기술이 더 향상되므로, 부모들에게는 가능한 많이 연습하도록 강력히 권해야 한다.

친구 지도 그리기

목표 영역	사회성 기술
수준	아동과 청소년
재료	친구 지도 그리기 용지
형식	개인

소개

ASD와 다른 발달장애를 가진 아동과 청소년은 일반적으로 우정을 이해하는 것과 아는 사람과 친구를 구분하는 것에 큰 어려움을 겪는다. 이 개입은 아동들이 우정이 어떤 것인지 더 잘 정의할 수 있도록 돕고 치료자가 아동의 또래 관계에서 발생하는 일에 대해 더 잘 이해할 수 있도록 돕는 평가척도가 될 수 있다.

방법

치료자는 아동에게 함께 우정에 대해 토론하고 정의하는 작업을 할 것이라고 이야기한다. 친구 지도 그리기 용지(여기에 제시해 놓았다)를 사용하여, 아동에게 각 부분을 완성하는 것에 대해 설명한다. 원 안에, 아동은 현재 사귀고 있는 친구 3명, 친구들과 함께 하는 일 세 가지, 또래의 다른 아동들과 함께 하는 일 세 가지, 그리고 친구로 사귀고 싶은 아동 3명을 적게 될 것이다. 2개의 직사각형에는, 좋은 우정을 맺는 기술 두 가지를 적게 될 것이다. 그다음 치료자는 아동과 함께 지도를 가지고 아동이 현재 경험하고 있는 현실과 우정에 대한 인식을 더 잘 이해하도록 돕는 후속 질문을 하면서 작업을 진행할 것이다. 만약 아동이 우정 지도 중 어느 영역에서라도 쓰는 것에 어려움을 느끼면, 치료자는 아동을 도와야 한다.

이론적 근거

친구 지도 그리기는 아동과 청소년이 사회성 기술 중 특히 또래 관계와 우정과 관련된 기술을 익히는 데 도움이 된다. ASD 아동은 종종 관계의 수준을 구분하는 데 도움이 필요하고 우정을 만들고 참여하는 것에 도움이 필요하다. 이 개입은 또한 아동의 현재 우정의 기능과 친구를 구성하는 것에 대한 아동의 인식에 대해 치료자가 좀 더 분명하게 이해할 수 있는 평가 척도가 되기도 한다.

　치료자는 실제로 우정이 무엇인지에 대한 토론으로 이 개입을 시작하고 마칠 수도 있다. 치료자는 아동이 친구라고 말할 수 있는 사람에 대해 명확히 이해하고 이를 구분하도록 도와야 할 것이다. 종종 ASD 아동은 아는 사람을 친한 친구라고 생각하고 실제로 더 깊은 우정의 관계를 맺는 것에 어려움을 겪는다.

친구 지도 그리기 용지

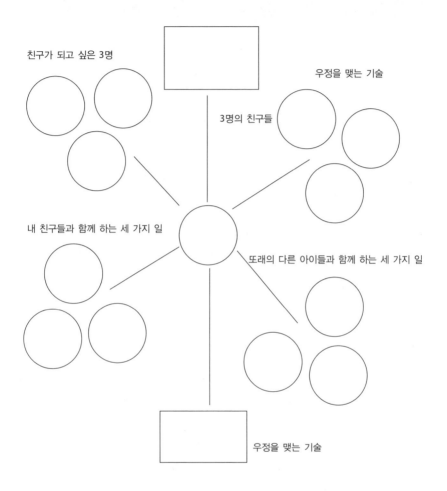

친구가 되고 싶은 3명

3명의 친구들

우정을 맺는 기술

내 친구들과 함께 하는 세 가지 일

또래의 다른 아이들과 함께 하는 세 가지 일

우정을 맺는 기술

나는 무엇일까요?

목표 영역	사회성 기술
수준	아동과 청소년
재료	색인 카드, 테이프, 연필
형식	개인, 가족, 집단

소개

ASD 아동과 청소년은 눈 맞추면서 질문하는 것과 같은 기본적인 사회성 기술에 어려움을 겪을 수 있다. 이 개입은 아동과 청소년이 다른 사람에게 질문하고, 계속 집중하고, 주의를 기울이고, 눈 맞추는 것을 할 수 있도록 돕는다. 이 개입은 이런 사회성 기술을 발달시키는 작업을 하는 데 있어서 재미있고 매력적인 방법을 제시한다.

방법

치료자는 아동에게 함께 사회성 기술을 증가시키는 게임을 하게 될 것이라고 설명한다. 치료자는 색인 카드에 음식, 동물, 장난감, 물건 등과 같은 것들을 적는다. 다양한 품목이 있어야 하고, 각 색인 카드에는 품목을 하나만 적는다(아동이 상담하러 오기 전에 카드를 만들어 놓아야 한다). 색인 카드는 적어 놓은 면을 뒤집어서 바닥에 놓는다. 아동과 치료자는 각자 카드를 한 장씩 고르고 테이프를 작게 잘라서 카드의 빈 면에 붙이고 무엇이 적혀 있는지 볼 수 없도록 카드를 자신의 가슴에 테이프로 붙인다. 그다음 치료자와 아동은 돌아가면서 자신의 가슴에 붙인 색인 카드에 적혀 있는 것이 무엇인지 알아내기 위해 질문을 한다. 누군가가 자신의 색인 카드에 적혀 있는 것을 정확하게 맞힌다면, 그다음 그는 또 다른 카드를 테이프로 붙여서 이 과정을 계속하는데 모든 카드를 맞힐 때까지 또는 치료자가 이 게임을 끝낼 때까지 계속한다.

이론적 근거

이 기법은 아동과 청소년이 사회성 기술 중, 특히 질문하고, 그 질문에 대답하고, 그리고 눈을 맞추는 기술을 익히도록 돕는다. 치료자는 이 개입을 위해 최소한 10개의 카드를 만들어서 놀이를 진행한다. 새로운 카드를 만들어서, 여러 번 게임할 수 있다. 부모에게 이 기법을 가르쳐서 가정에서 자녀들과 함께 정기적으로 할 것을 권할 수 있다. 부모는 가족 중 다른 사람들을 참여시킬 수도 있고 온 가족이 함께 할 수도 있다.

나는 무엇일까요?

디딤돌

목표 영역	사회성 기술
수준	아동과 청소년
재료	인쇄 용지, 폼 조각들, 유성매직, 작은 상품
형식	개인, 가족, 집단

소개

ASD와 발달장애를 가진 아동과 청소년은 종종 다양한 사회적 상황 또는 맥락에서 적절한 행동과 부적절한 행동을 이해하는 것에 어려움을 가진다. 이 기법은 반복적으로 놀이할 수 있는 게임형태로 되어 있어 아동은 다양한 환경에서 적절한 행동을 연습할 수 있다.

방법

아동은 디딤돌 모양으로 폼(foam)을 6~8개 조각으로 자른다. 그다음 출발점과 도착점을 정하고 길을 만들어서 폼 조각들을 인쇄 용지에 풀로 붙인다. 그다음 치료자와 아동은 일반적으로 아동이 접하게 되는 다양한 상황을 정하고 각 디딤돌에 상황을 적는다. 그다음 아동은 인쇄 용지의 나머지 부분을 자신이 원하는 방법대로 꾸미고, 마지막 디딤돌 위에는, '상!'이라고 적어야 한다.

  그다음 치료자와 아동은 디딤돌 게임을 한다. 아동이 첫 번째 디딤돌에서 시작하고 그 상황을 읽는다. 그다음 아동은 그 상황에서 할 수 있는 부적절한 행동과 적절한 행동에 대해 이야기하고 행동으로 옮겨야 한다. 그다음 아동은 두 번째 디딤돌로 움직이고 마지막에 도착하여 작은 장난감, 스티커, 또는 사탕 등과 같은, 작은 상을 받을 때까지 이 과정을 반복한다.

이론적 근거

디딤돌 게임은 아동과 청소년이 사회성 기술 중, 특히 교실에서 앉아 있기, 병원에서 기다리기, 가게 안에 있기, 저녁 식사자리에서 음식 먹기 등과 같은 다양한 상황에서 부적절한 행동과 적절한 행동을 익히는 것에 도움이 된다. 이 게임을 하려면 아동이 어려움을 경험하는 상황들을 선택해야 한다. 치료자는 일반적으로 아동이 부적절한 행동을 하거나 어려움을 겪고 있는 다양한 상황을 수집하기 위해 아동과 함께 생활하고 있는 부모나 다른 사람들과의 상담을 원할 수 있다. 치료자는 아동에게 상황과 시나리오를 정하게 하지만, 이 게임에 아동에게 문제가 되는 영역이라고 알려진 몇 가지 상황이 포함되게 해야 한다. 아동에게 이 게임을 집으로 가져가게 하고, 부모에게 이 게임을 가르쳐서 자녀와 함께 하게 하고 상담회기 사이에 정기적으로 실시할 것을 권한다. 부모와 아동은 다른 상황으로 새로운 게임을 만들 수도 있다.

디딤돌

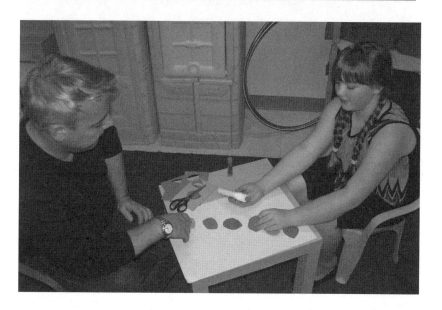

상징 놀이 시간

목표 영역	사회성 기술
수준	아동
재료	다양한 장난감들
형식	개인

소개

ASD 아동은 일반적으로 가상 및 상징 놀이 기술에서 어려움을 겪는다. 종종 ASD 아동은 또래들 속에 있을 때 가상 놀이가 가장 흔한 놀이방식이라는 것을 알게 되는데, 이들은 또래들과 함께 가상 놀이에 함께 하거나 참여하는 것에 어려움을 겪는다. 이 개입은 아동이 상징 및 가상 놀이를 함께 하는 방법에 대해 배우고 연습하도록 돕는다.

방법

치료자는 아동에게 함께 가상 놀이를 할 것이라고 알려준다. 치료자는 아동에게 가상 및 상징 놀이의 개념에 대해 설명하고 가상 놀이 시간에 장난감을 사용할 것이라고 안내한다. 치료자는 블록처럼 뚜렷한 특징이 없는 장난감을 사용해야 한다. 치료자는 아동에게 함께 블록을 골라서 그 블록을 사람 또는 동물이라고 부르는 것처럼, 블록에 이름과 캐릭터를 부여할 것이라고 말한다. 아동은 자신이 선택한 블록에 붙일 이름과 캐릭터를 선택하고, 치료자도 동일하게 한다. 그다음 치료자는 아동과 함께 2개의 블록 사람/동물을 가지고 가상의 이야기를 만들 것이라고 설명한다. 치료자는 2개의 블록을 가지고 서로 상호작용하는 짧고 간단한 이야기를 만들면서 시작한다. 그다음, 치료자는 아동을 의사결정 과정에 참여시킨다. 치료자는 놀이로 상호작용을 계속하면서, 아동을 최대한 참여시킨다. 치료자는 정기적으로 장난감을 바꾸면서 다른 상징 놀이를 만들어 상호작용 할 수 있다.

이론적 근거

이 기법은 아동이 특별히 동일 연령의 또래들과 사회적 상호작용의 구성요소가 되는 상징 놀이 또는 가상 놀이 기술을 통해 사회성과 놀이기술을 익히도록 돕는다. 치료자는 다른 장난감을 사용하고 다른 시나리오를 만들어 다양한 상징 놀이를 할 수 있다. 치료자는 가상 놀이를 만들어 놀이를 이끌 수 있지만 항상 아동이 가상 놀이를 이끌면서 결정하는 기회를 찾아야 한다. 이 개입으로 여러 번 놀이할 수 있고 아동이 상징 놀이에 대해 좀 더 잘 이해할 수 있도록 여러 회기 동안 실시할 수 있다.

종이 친구

목표 영역	사회성 기술
수준	아동과 청소년
재료	흰색 종이, 색도화지, 가위, 풀
형식	개인, 집단

소개

ASD 아동과 청소년은 친구를 사귀고 싶어 하지만 친구관계를 만들고 유지하기 위한 사회성 기술이 부족하다. 이 개입은 아동들이 친구 사귀기와 관계된 구체적인 기술을 익히도록 돕는다.

방법

치료자는 아동에게 친구 사귀기 기술을 증가시키는 작업을 함께 할 것이라고 설명한다. 치료자 또는 아동이 흰색 종이에 사람의 윤곽선을 그린다. 아동은 자신의 생활 속에서 친구로 사귀고 싶은 사람을 정한다. 아동은 사람 윤곽선에 자신이 친구로 사귀고 싶은 사람처럼 보이게 그림을 그린다(일반적으로는 종이에 그려진 사람 윤곽선에 그 친구의 얼굴을 그린다). 그다음 아동은 윤곽선 안에 그 친구와 할 수 있는 일, 이야기할 수 있는 일, 그 사람과 좋은 친구가 될 수 있는 방법, 그 사람과 친구관계를 맺을 수 있는 방법, 친구 사귀는 데 도움이 되는 기술, 그 사람을 좋은 친구로 만들 수 있는 일에 대해 적는다. 치료자와 아동은 아동이 적어 놓은 것을 살펴보고, 치료자는 부가적인 정보를 추가할 수 있다. 그다음 치료자와 아동은 역할놀이를 통해 다양한 친구 사귀기와 관련된 기술들을 연습한다. 치료자는 아동이 친구 사귀기 기술들을 이해하도록 도와야 할 것이다.

이론적 근거

이 기법은 특별히 아동들과 청소년들이 친구를 사귀고 관계를 유지하는 것과 관련된 사회성 기술을 익히도록 돕는다. 아동은 자신이 알고 있거나 친구로 사귀고 싶은 다른 아동들 몇 명을 종이 친구로 만들 수 있다. 치료자와 아동은 친구가 될 아동에게 자신을 소개하는 연습을 할 수 있고 종이 친구 위에 써놓은 생각들로 누군가를 알아가는 첫 번째 단계를 연습할 수 있다. 부모에게 이 개입을 가르쳐야 하고, 가정에서 이 기술을 연습하도록 권해야 하고, 친구로 사귀고 싶은 아동이나 또 다른 적절한 아동들과 아동이 관계를 맺을 수 있는 기회를 만들도록 권해야 한다.

종이 친구의 예

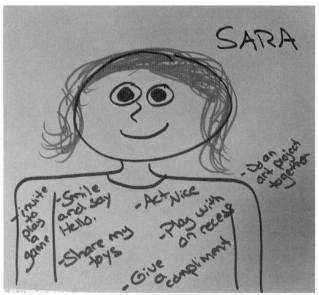

지시 퍼즐

목표 영역	사회성 기술
수준	아동과 청소년
재료	작은 백지 퍼즐, 마커
형식	개인, 집단

소개

지시 퍼즐 기법은 ASD 아동과 청소년에게 과제 일정표를 시각적으로 만드는 매력적인 방법을 제공한다. 퍼즐 조각을 완성하기 위해서는 단계가 있으므로, 아동이 각 단계를 다 끝내야 퍼즐을 완성할 수 있다.

방법

치료자는 아동에게 작은 백지 퍼즐을 주는데, 어린 아동들에게는 6조각, 청소년에게는 9조각 이상을 주지 않는다. 각 퍼즐 조각 앞면에, 치료자와 아동은 지시사항을 쓸 것이고, 완성하기 위해 단계별로 분류한다. 치료자와 아동은 페이스북 계정을 만드는 방법, 이 닦는 순서, 아침의 일상, 도서관에서 책을 대출하는 방법 등과 같이, 무엇을 가르칠지 결정한다(선택되는 과제 또는 활동은 아동이 실제로 어려움을 겪고 있는 것이나 또는 어떻게 해야 할지 모르는 것이어야 한다). 아동은 각 퍼즐 조각 앞면에 (순서에 따라) 과제를 성취하거나 완수하는 단계를 적는다. 아동은 또한 각 단계를 묘사하는 그림을 첨가할 수도 있다. 치료자는 아동이 할 수 있는 한 많이 지시 퍼즐을 완수하게 해야 하고 치료자는 필요한 만큼 아동을 도울 수 있다.

일단 지시/단계를 모든 퍼즐 조각에 써서 지시가 완성되면, 치료자와 아동은 각 단계를 완료하기 위해 퍼즐을 적절한 순서로 맞춘다. 치료자와 아동은 교대로 퍼즐 한 조각을 고르고 전체 퍼즐이 완성될 때까지 다른 사람에게 그 지시를 설명하거나 가르친다. 치료자와 아동은 과제를 완성하는 연습을 여러 번 할 수 있다.

이론적 근거

이 기법은 아동과 청소년이 특히 다른 사람을 가르치거나 지시하는 것과 자신과 관련된 여러 과제들을 완수하는 방법을 배우는 것과 같은, 사회성 기술을 익히도록 돕는다. 또한 이것은 아동에게 과제를 끝내는 시각적인 일정표가 된다. 다른 과제들을 해결하기 위해 퍼즐을 여러 개 만들 수 있다. 만약 과제가 아동이 끝내는 것을 배워야 할 실제적인 일이라면 도움이 된다. 퍼즐은 집으로 가져가야 하고, 부모에게는 찾아낸 과제를 끝내기 위해 자녀와 퍼즐을 사용하는 방법에 대해 지도할 수 있다.

지시 퍼즐

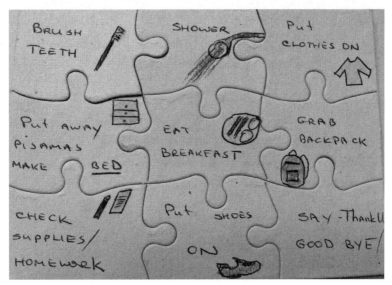

(아침에 일상적으로 해야 할 일에 대해 아동이 정해 놓은 단계들)

(운전면허증을 따기 위해 청소년이 제시한 지시 사항)

괴롭힘 대처하기

목표 영역	사회성 기술
수준	아동과 청소년
재료	흰색 종이, 마커, 작은 상
형식	개인

소개

ASD와 발달장애를 가진 아동과 청소년은 일반적으로 또래의 일반 아동보다 괴롭힘을 당하기 쉽다. 이 개입은 아동이 누군가 자신을 괴롭히려고 할 때 무엇을 해야 하고 무엇을 말해야 하는지에 대해 역할놀이와 연습을 하도록 돕는다.

방법

치료자는 아동에게 괴롭히는 행동을 다루는 방법에 대해 함께 이야기할 것이라고 설명한다. 치료자와 아동은 여러 사람들의 모양을 그린 후 오린다. 아동은 자신을 괴롭히고 있는 실제 사람을 표현하기 위해 각 사람을 꾸민다(만약 아동이 실제 사람을 생각할 수 없다면, 일반적으로 괴롭히는 사람을 생각해서 작업할 수 있다). 일단 아동이 끝내면, '괴롭히는 사람들'을 방 한쪽에서부터 다른 쪽까지 바닥에 각각 흩어놓는다. 치료자는 아동과 함께 아동이 만든 각 사람이 아동을 어떻게 괴롭혀왔는지에 대해 이야기한다. 그다음 아동은 방 한쪽에서부터 시작해서, 괴롭히는 각 사람에게 다가가고, 그 사람과 마주하고, 괴롭히는 사람에게 할 수 있는 건강한 반응 또는 행동을 연습한다(치료자는 아동에게 할 수 있는 다양한 반응들 또는 행동들을 가르쳐야 하는데, 몇 가지 예를 여기에 제시해 놓았다). 아동은 방의 다른 쪽으로 가면서 괴롭히는 모든 사람들에게 도착할 때까지 한 번에 한 명씩 괴롭히는 사람과 마주한다. 마지막으로 괴롭히는 사람과 마주하고 나면, 아동은 치료자에게 작은 상을 받는다.

이론적 근거

이 기법은 아동들과 청소년들이 특히 괴롭힘을 다루고 해결하는 것과 관련된 사회성 기술을 익히도록 돕는다. 치료자는 아동이 괴롭히는 사람들에게 맞서는 건강한 방법을 배우도록 도와야 할 것이고 괴롭히는 사람들에게 반응하는 다른 방법에 대해 가르쳐야 할 것이다. 치료자는 만일 괴롭힘이 학교에서 발생했다면 학교와 접촉해야 할 부모와 함께 괴롭히는 문제에 대해 논의해야 할 것이고 학교 행정관들이 괴롭힘을 인식하도록 해야 할 것이다. 부모와 학교 담당자 모두는 괴롭힘이 사라지게 하는 일에 참여해야 하고 아동이 괴롭힘을 당할 때 사용 가능한 접근법에 대해 알아야 할 것이다. 여기에 괴롭힘을 해결하기 위한 웹 자료 목록을 제시하였다.

괴롭힘 대처하기

아동에게 지도할 수 있는 개입의 예

학교 치료자 또는 교사에게 말하기

부모에게 말하기

말대꾸하는 문구 가르치기

자기에 대한 긍정적 인지적 진술을 하도록 가르치기

자존감을 향상시킬 수 있는 자기가치 개념을 가르치기

괴롭히는 사람에게 단호하게 대꾸하기

괴롭히는 사람의 이름을 부르고 그만하라고 말하기

똑바로 서서 괴롭히는 사람의 눈 쳐다보기

친구들과 함께 있기

괴롭히는 아이 무시하기

친절하게 말하기

괴롭히는 사람이 하는 말을 농담으로 받기

괴롭힘에 대한 일기 쓰기

충격을 받은 척하고 그다음 괴롭히는 사람에게 칭찬하기

'나' 메시지를 가르치기 : 나는 _____ 할 때 싫어, 그만해!

학교와 협력하여 또래배치 프로그램 만들기

(괴롭힘 자료들)

www.schoolviolencehotline.com

www.stopbullying.gov

www.pacer.org

www.nasponline.org

www.nea.org

www.safekids.com

www.violencepreventionworks.org

소셜 미디어

목표 영역	사회성 기술
수준	청소년
재료	컴퓨터, 사회매체 계정
형식	개인, 집단

소개

소셜 미디어 사이트는 청소년들에게 매우 인기가 있지만 ASD와 발달장애를 가진 많은 청소년들은 소셜 미디어 사이트를 찾는 사회성 기술이 부족하다. 이 개입은 청소년들에게 소셜 미디어 사이트를 사용할 때 적절한 방법과 적절하지 않은 방법을 구분할 수 있도록 가르치고 그곳에서 상호작용을 안전하게 할 수 있는 방법에 대해 가르친다.

방법

치료자는 청소년에게 소셜 미디어를 적절하게 사용하는 방법에 대해 함께 이야기할 것이라고 말한다. 치료자와 청소년은 페이스북을 포함하여 다양한 소셜 미디어를 선택하는 것에 대해 함께 논의한다(만약 자녀가 현재 어떤 소셜 미디어 계정을 가지고 있거나 또는 만약 부모들이 자녀가 계정을 가지도록 허용할 계획을 하고 있다면 치료자는 이 개입을 실시하기 전에 부모와 함께 논의해야 한다). 다음의 약자를 종이 위에 쓴다.

F=친구(friends)
A=화난(angry)
C=조심스러운(careful)
E=당황스러운(embrassing)
B=나쁜(bad)

O＝이상한(odd)

O＝오 싫어!(oh no!)

K＝친절한(kind)

치료자와 아동은 위의 각 범주로 살펴볼 때 페이스북 게시물들이 어떻게 파악되는지 토론하는데, 예를 들면 다음과 같다. "누가 친구인가?", "왜 그 사람은 친구인가?", "화난 게시물은 무엇인가?", "화난 일을 게시하는 것이 적절한가?", "당황스러운 게시물은 무엇일까?", "게시하기에 이상하거나 나쁜 것은 무엇일까?", "누군가를 곤경에 빠뜨릴 수 있는 게시물은 무엇인가?" 그리고 "친절하거나 적절한 게시물은 무엇인가?" 치료자와 아동은 각각 자신의 페이스북 뉴스피드에서 이러한 예들을 찾으려고 노력해야 한다.

이론적 근거

이 기법은 청소년들이 소셜 미디어에 참여하고 사회회되는 것과 관련된 사회성 기술을 익히도록 돕는다. 이 기법에서는 아동이 소셜 미디어 계정을 가지고 있어야 하고 또는 계정을 만들도록 부모에게 허락받아야 한다. 부모는 자녀의 소셜 미디어 계정을 모니터해야 하고 이 방법으로 가정에서 자녀와 함께 정기적으로 연습해야 한다.

나는 간다

목표 영역	사회성 기술
수준	아동과 청소년
재료	색인 카드들
형식	개인, 가족, 집단

소개

ASD 아동과 청소년은 일반적으로 사회성 기술을 배우거나 특정 상황에서 적절하게 반응하거나 행동하는 방법을 배우기 위해 연습을 해야 한다. 나는 간다 기법은 아동들과 청소년들에게 어려움을 겪는 상황을 정하게 하고 그 상황에서 적절한 반응과 행동을 연습하도록 돕는다.

방법

치료자는 아동에게 특정 상황에서 적절한 반응을 연습하는 게임을 함께 할 것이라고 설명한다. 치료자는 다양한 나는 간다 상황을 색인 카드에 적는다. 예시가 되는 상황은 "나는 학교에 간다", "나는 놀이동산에 간다", "나는 음식점에 간다", "나는 친구 집에 간다", "나는 교회에 간다" 그리고 "나는 병원에 간다"와 같은 것이다(여기에 예시 카드들을 제시하였다). 색인 카드들은 카드더미 위에 뒤집어 놓고, 아동과 치료자는 교대로 그 카드에 그림을 그린다. 아동이 먼저 시작해야 한다. 카드를 한 장 가져오면, 치료자와 아동은 각자 아동이 그곳에 갔을 때 해야 하는 적절한 사회성 기술에 대해 말한다. 예를 들면, 만약 "나는 학교에 간다" 카드를 뽑았다면, 아동은 "나는 학교에 간다, 그리고 나는 선생님이 이야기할 때 들을 것이다"라고 말할 수 있다. 그다음 치료자는 "나는 학교에 간다, 그리고 나는 쉬는 시간에 줄을 서서 기다릴 것이다"라고 말할 수 있다. 치료자는 색인 카드에 8~10개의 상황을 적어야 한다. 그 상황들은 아동이 참여할 수 있고 적절한 행동을 하는 데 어려움을 겪고 있는 실제 상황이어야 한다.

이론적 근거

이 기법은 아동들과 청소년들이 특히 특정 상황에서 적절하게 행동하는 것과 관련된 사회성 기술을 익히도록 돕는다. 치료자는 아동이 적절한 대답을 할 것이라는 확신을 가져야 한다. 만약 아동이 대답을 생각하지 못하거나 부적절한 대답을 한다면, 치료자는 아동에게 적절한 대답에 대해 설명해야 한다. 아동과 치료자가 대답을 하고 난 다음 치료자는 적절한 행동에 대한 역할놀이를 하면서 이 개입에 별도의 요소를 추가할 수 있다. 부모에게 이 개입을 가르쳐야 하고 모든 가족이 함께 가정에서 이 개입으로 놀이할 수 있다.

나는 간다 세트

나는 학교에 간다	나는 음식점에 간다.	나는 병원에 간다.
나는 미용실에 간다.	나는 친구집에 간다.	나는 교회에 간다.
나는 가게에 간다.	나는 차를 타러 간다.	나는 파티에 간다.
나는 치과에 간다.	나는 신발 가게에 간다.	나는 공원에 간다.
나는 쇼핑센터에 간다.	나는 산책하러 간다.	나는 우체국에 간다.

나를 인터뷰 하세요

목표 영역	사회성 기술
수준	아동과 청소년
재료	종이, 연필
형식	개인, 가족, 집단

소개

이 개입은 아동과 청소년이 다른 사람과 이야기하고, 다른 사람에게 질문하고, 다른 사람에 대해 알아가는 것과 관련된 사회성 기술을 익히는 작업을 하도록 돕는다. 이것은 또한 아동과 청소년이 계속 집중하도록 하고 특이하게 집착하는 주제에 대해 과도하게 이야기하지 않게 하고 대화하는 동안 주제에서 벗어나지 않도록 돕는다.

방법

아동에게 치료자를 인터뷰하게 될 것이라고 알려준다. 아동에게 종이와 연필을 주고 치료자에게 질문할 것을 일곱 가지 쓰라고 한다. 예 또는 아니요로 대답하는 질문은 피하고, 개방형 질문을 해야 한다. 아동은 질문을 떠올리도록 노력해야 하는데, 만약 아동이 이를 어려워한다면, 치료자는 여기에 제시해 놓은 예시 기록지를 줄 수 있다. 일단 아동이 질문을 쓰면, 그다음 아동은 치료자에게 그 질문을 할 것이고, 치료자의 대답을 듣고, 대답을 종이에 쓸 것이다. 아동에게는 딴 이야기로 빠지거나 자신에 대해 이야기하면 안 되고 치료자의 대답을 잘 들으려고 노력해야 한다는 지침을 준다. 치료자와 아동은 인터뷰에 대해 논의하고 아동이 지침을 따를 수 있었는지에 대해 논의한다. 치료자와 아동은 시간이 된다면 여러 차례 인터뷰를 하면서 연습할 수 있다. 그다음 아동에게 집으로 가서 동일한 형식으로, 동일한 지침으로 3명의 사람들을 인터뷰를 하고, 다음 회기에 인터뷰한 것을 가지고 오라고 말한다. 그다음 치료자와 아동은 가정에서 인터뷰가 어떻게 진행되었는지 논의한다.

이론적 근거

이 기법은 아동과 청소년이 다른 사람에게 질문하고, 듣고, 대화에 계속 집중하는 것과 관련된 사회성 기술에 대해 익히도록 돕는다. 아동은 적절한 인터뷰 질문들을 생각해 내는 것에 어려움을 겪을 것이고 적절한 태도로 인터뷰 하는 것에 어려움을 겪을 것이다. 언제든지 치료자는 개입을 중단하고 아동이 계속 집중하고 지침을 따르도록 도울 수 있다. 아동이 치료자에게 도움을 받지 않으면서 이 인터뷰를 끝내기 위해서는 연습이 필요할 것이다. 부모에게는 아동이 가정에서 3명을 인터뷰할 것이라는 것을 알려주어야 하고 부모는 자녀가 이 과제를 완수할 수 있도록 도와야 한다.

나를 인터뷰 하세요 기록지

1. 이름이 무엇입니까?

_____

_____

2. 좋아하는 일은 무엇인가요?

_____

_____

3. 어디로 여행을 가고 싶은가요? 왜 그런가요?

_____

_____

4. 왜 학교가 중요하다고 생각하나요?

_____

_____

5. 화가 날 때에 대해 말해 주세요.

_____

_____

6. 가족들에 대한 좋은 기억에 대해 말해 주세요.

_____

_____

7. 불안할 때 진정하기 위해 무엇을 하나요?

_____

_____

보이는 것처럼 들리지 않아요

목표 영역	사회성 기술
수준	아동과 청소년
재료	없음
형식	개인

소개

보이는 것처럼 들리지 않아요 개입은 아동과 청소년이 신체언어를 알아차리고 다른 사람의 말을 경청하도록 돕는다. 더 나아가, 이 개입은 아동과 청소년이 다른 사람을 관찰하고 다른 사람의 말을 들을 때 좀 더 정확한 이해와 의미를 찾도록 돕는다.

방법

치료자는 아동에게 다른 사람과 의사소통을 할 때 상호작용이 이해되지 않는 상황을 파악하는 연습을 함께 할 것이라고 말한다. 치료자는 화가 난 목소리와 몸짓으로 "나는 행복해"와 같은 말을 할 것이다. 아동은 치료자의 표현에서 이해할 수 없는 것에 대해 이야기해야 한다. 예를 들어, 아동은 "선생님은 행복하다고 말했지만 얼굴과 목소리는 행복해보이지 않았어요"라고 말할 것이다. 다른 예를 살펴보면 치료자는 행복한 표정과 즐거운 몸짓으로 "나는 슬퍼"라고 말하거나 슬픈 표정과 슬픈 목소리로 "나는 진짜 공원 가는 것을 좋아해"라고 말하는 것이다. 치료자는 아동과 이 회기를 하기 전에 몇 가지 예를 준비해 놓아야 한다. 또한 치료자는 아동에게 몇 가지 예를 만들고 치료자에게 이해되지 않는 것을 찾아보게 하고 싶은지 물어볼 수 있다.

이론적 근거

ASD 아동과 청소년은 종종 다른 사람의 신체언어를 정확하게 파악하고 그들이 말하는 의도를 이해하는 데 어려움을 겪는다. 그들은 또한 자신의 생각과 느낌을 말과 몸짓으로 표현하고 의사소통하는 것에 어려움을 겪는다. 이 기법은 아동과 청소년이 특별히 다른 사람의 몸짓을 정확히 인식하고 판독하고, 다른 사람의 감정을 인식하고, 그리고 목소리 톤의 변화를 인식하고 파악하는 것과 같은 사회성 기술을 익히도록 돕는다. 부모에게는 이 기법을 사용하는 방법에 대해 가르쳐야 하고 가정에서 자녀와 함께 이 놀이를 하도록 권해야 한다.

트윗, 트윗, 트윗

목표 영역	사회성 기술
수준	청소년
재료	종이, 연필, 트윗의 예
형식	개인, 집단

소개

ASD 청소년은 일반적으로 소셜 미디어에 노출되지만 특히 미디어 형식을 통해 사회적 상황에서 적절성을 찾는 데 종종 어려움을 겪는다. 이 개입은 청소년들이 소셜 미디어 사이트에서 적절하게 보이거나 부적절하게 보이는 소셜 미디어 응답에 대해 연습하는 데 도움이 된다.

방법

치료자는 청소년에게 적절하거나 부적절한 소셜 미디어 논평에 대해 함께 논의할 것이라고 설명한다. 그다음 치료자와 아동은 적절하거나 부적절한 메시지를 서로 주고받는 역할놀이를 한다. 아동은 부적절한 메시지에서 적절한 메시지를 찾을 수 있어야 하고 왜 부적절한 메시지들이 부적절한 것으로 평가되는지에 대해 파악할 수 있어야 한다. 그다음 치료자는 청소년에게 실제 트위터에서 몇 개의 트윗을 제공하고(여기에 몇 개의 트윗을 제시하였다), 청소년에게 이것을 2개의 파일에 넣도록 한다. 1개의 파일에는 적절한 트윗을 넣고, 나머지 파일에는 부적절한 트윗을 넣는다. 아동은 왜 각 트윗이 적절하거나 적절하지 않다고 생각하는지에 대해 말해야 한다. 만약 청소년이 이 트윗이 적절한지 아니면 적절하지 않은지에 대해 잘 모른다면, 그다음 그는 불확실한 트윗을 넣을 세 번째 파일을 만들 수 있고, 치료자와 청소년은 이 트윗에 대해 더 논의할 수 있다. 치료자는 청소년에게 피드백을 주어야 하고 만약 아동이 트윗을 정확히 분류하지 못한다면 청소년을 도와야 한다.

이론적 근거

이 기법은 청소년이 특히 소셜 미디어에 참여하고 이를 통해 사회화되는 것과 관련된 사회성 기술을 익히도록 돕는다. 이 개입을 위해 청소년이 트위터나 다른 소셜 미디어 계정을 만들지 않아도 된다. 이것은 아동이 실제로 어떠한 소셜 미디어 계정을 갖기 전에 연습해 볼 수 있는 좋은 개입이다. 치료자는 이 개입을 실시하기 전에 청소년의 생활에서 소셜 미디어에 접근하는 것이 적절한지에 대해 논의해야 한다. 만약 청소년이 현재 어떠한 소셜 미디어 사이트를 사용하고 있거나 사용할 계획이라면, 이 개입을 실시하는 것이 적절하다. 부모에게는 가정에서 이 방법을 실시하도록 가르칠 수 있고, 부모는 청소년기 자녀와 꾸준히 정기적으로 이 기법을 실시해 볼 수 있다.

트윗의 예

트위터에 게시된 실제 트윗들

- 당신에게 일어난 모든 일에 대해 # 고마워하고 감사하는 태도를 개발하세요.

- Lol(역자주 : 인터넷에서 웃음을 표현하기 위한 새로운 속어) 아무도 너를 좋아하지 않아.

- Ozark Drumline에 있는 가족들과 멤버들에게 메리 크리스마스!

- 금요일 오후는 따뜻하고 화창할 거예요. 주말에는 더 추워요.

- 그래서 너는 이성애자야? 게이야? 난 정말 혼란스러워.

- 빌어먹을(F#%k) 엄마가 내 페이스북(fb)을 삭제해서 젠장(b#%*h) 데이터가 죽을 수 있어.

- 나는 너를 미워해, 테드

- 우리. 다음 주에 점심 먹자. 그 시간에 늦지 않을게.

- 그것은 마치 수퍼맨이 배트맨보다 더 낫다고 말하는 것과 같아. 나한테 죽었어.

- 막 빨래를 끝냈어 ☺ 난 빨래가 싫어!

- 축하해! 새로 태어난 너의 아기가 너무 귀여워!!!!!

- 이것은 괴롭힘을 예방하는 정보를 주는 대단한 웹사이트야.

- 그녀는 완전 걸레야! 난 그녀를 싫어해!!! 싫어해!!!!!

- 만약 이 모든 골칫거리(a#%es)가 계속 날 괴롭힌다면 난 진짜로 누군가를 죽여버릴 거야.

- 호빗은 정말 대단한 영화야! 방금 봤는데-좋아!

- 지금 모든 것에 정말 실망했어.

- 난 저스틴 비버가 좋아. 만약 네가 그에 대해 그 어떤 나쁜 말을 한다면 난 널 죽여버릴 거야-이 바보 멍청이!

- TV에서 누가 완전 지체아처럼 행동하는지 맞춰 봐!?!

- #MSU(Missouri State Athletics; 약 4만 명의 팔로워를 보유한 트위터)곰들이 Alabama A&M을 68-47로 이겼다. Pickens는 이번 대회에서 15개의 리바운드를 해서 승리에 기여하였다.

- 기말시험이 끝났으니 오늘 밤은 취하자!

- 집에 혼자 있어. 그래서 지루해. 누군가 나에게 연락 좀 줘.

역할놀이

목표 영역	사회성 기술
수준	아동과 청소년
재료	없음
형식	개인, 가족, 집단

소개

ASD와 발달장애를 가진 아동과 청소년은 상황에 대한 역할놀이를 할 때 많은 도움을 받는다. 치료자에게는 아동 또는 청소년이 그들의 사회성 기능이나 행동을 향상시키기 원하는 여러 상황들을 파악할 능력이 있다. 역할놀이는 아동과 아동의 상황과 아동이 어려움을 겪는 실제 상황에 관한 내용으로 해야 한다. 역할놀이는 재미있고 매력적이고 소품을 사용하거나 다른 사람들과 함께 할 수 있다.

방법

치료자는 아동에게 어려움을 겪고 있는 어떤 상황에 대해 힘께 역할놀이를 할 것이라고 설명한다. 치료자와 아동은 역할놀이를 위해 다양한 사회적 상황을 결정하고 역할놀이를 하면서 익히게 될 사회성 기술을 결정할 것이다. 일반적인 예에는 고의로 한 것인지, 우연히 일어난 것인지 아는 것, 이기고 질 때 어떻게 행동해야 하는지, 언제 말하고 언제 들어야 하는지, 선생님에게 어떻게 질문해야 하는지, 인사와 작별인사를 나누는 방법, 괴롭히는 아이에게 어떻게 반응해야 하는지 등을 인식하는 것이 포함되어 있다. 상담 회기 동안 역할놀이를 여러 번 연습해야 한다. 반복과 연습은 기술을 익히는 데 필수적이다. 아동이 상황과 행동에 대한 역할놀이를 더 많이 할수록, 아동이 실제 상황에서 원하는 행동을 더 많이 할 수 있게 될 것이다.

이론적 근거

이 기법은 역할놀이를 통해 사회성 기술이 발달하도록 도울 것이다. 치료자와 아동은 아주 다양한 사회성 기술에 대해 익힐 수 있다. ASD 아동이 사회성 기술 발달을 이룰 수 있는 최상의 방법 중 하나가 역할놀이이다. 치료자는 어떤 시나리오라도 고를 수 있다. 이를 가지고 아동과 함께 역할놀이를 한다. 그리고 그 상황에서 어떻게 행동하고, 반응하고, 또는 그 상황을 어떻게 처리하는지를 다룰 수 있다. 역할놀이를 하고 있을 때, 가장 좋은 방법은 은유적으로 놀이하는 것은 피하고 아동의 상황과 근접한 놀이를 하는 것이다. 대신, 아동에 대해 이야기하거나 그 상황에서 아동이 무엇을 해야 하는지에 직접적으로 초점을 맞춰야 한다. 부모에게 역할놀이를 가르쳐야 하고, 부모는 가정에 자녀와 함께 역할놀이를 연습할 수 있다. 또한 부모는 주의가 필요하다고 느끼는 모든 상황에 대해 역할놀이를 할 수 있다. ASD 아동이 연습해야 할 더 일반적인 예로는 음식점에서 어떻게 매너 있게 행동하는지, 차 안에서 어떻게 행동하는지, 형제가 화나게 만들 때 어떻게 행동하는지, 집 안일을 할 때 무엇을 해야 하는지 등이 있다.

일반적인 역할놀이 시나리오들

누군가 고의로 한 일인지, 우연히 일어난 일인지 구별하기

이기고 질 때 어떻게 반응해야 하는가

언제 말하고 언제 들어야 하는가

선생님에게 어떻게 질문해야 하는가

"안녕" 그리고 "잘가"라고 말하기

음식점에서 어떻게 행동해야 하는가

"부탁합니다"와 "감사합니다"라고 말하기

차 안에서 어떻게 행동해야 하는가

형제가 너를 화나게 할 때 무엇을 해야 하는가

부모님이 너에게 집안일을 하라고 할 때 어떻게 행동해야 하는가

줄 서서 누군가를 기다릴 때 어떻게 해야 하는가

다른 상황에서 목소리의 톤을 다르게 하기

머리를 자를 때 어떻게 행동해야 하는가

병원에 있을 때 어떻게 행동해야 하는가

누군가와 이야기할 때 눈맞춤하기

저녁식사 때 어떻게 행동해야 하는가

동물을 어떻게 돌봐야 하는가

다른 아동과 어떻게 놀아야 하는가

유머를 잘 이해하기

주사위 굴리기

목표 영역	사회성 기술
수준	아동과 청소년
재료	주사위 6개, 종이, 연필
형식	개인, 가족, 집단

소개

주사위 굴리기 개입은 치료자에게 아동 또는 청소년이 어려움을 겪고 있어 향상이 필요한 구체적인 사회성 기술을 연습할 수 있는 능력을 제공한다. 아동은 주사위를 통해 즐겁게 사회성 기술을 연습한다. 아동은 자신에게 향상되기 원하는 기술에 대해 생각하고 결정할 수 있다.

방법

치료자는 아동에게 자신에게 향상되기 원하는 몇 가지 사회성 기술에 대해 함께 게임하고 연습도 할 것이라고 설명한다. 종이 위에, 치료자와 아동은 아동이 연습하기 원하는 사회성 기술 6개를 쓰고 그것들에 1부터 6까지 순서를 매긴다. 치료자는 아동에게 향상되기 원하는 사회성 기술에 대해 생각하게 한다. 만약 아동이 어떤 것도 생각하지 못한다면, 치료자가 아동에게 발달되어야 한다고 생각하는 사회성 기술을 적어야 한다. 그다음 아동은 6개의 작은 주사위를 굴리고, 나온 숫자 중 하나를 골라서, 그 숫자와 짝이 맞는 사회성 기술을 연습한다. 아동이 그 사회성 기술을 연습하고 나면, 주사위 하나를 빼고, 아동은 주사위 5개를 굴리고 나온 숫자 중 하나를 선택해서 짝이 맞는 사회성 기술을 연습한다. 이 방법으로 6개의 사회성 기술을 모두 선택해서 연습할 때까지 계속 진행한다. 치료자는 아동과 함께 각 사회성 기술에 대한 역할놀이를 하고 연습한다. 6개의 모든 사회성 기술을 연습하고 나면, 치료자와 아동은 이 게임을 다시 하거나 새로운 사회성 기술을 6개 만들어서 다시 게임을 할 수 있다. 치료자는 아동이 재미있고 흥미를 가지면서 이 게임을 하도록 노력해야 한다. 치료자는 모자, 가면, 장난감 등과 같은 소품들을 함께 사용하여 사회성 기술 연습을 더 즐겁게 만들어야 한다.

이론적 근거

이 기법은 아동과 청소년이 사회성 기술을 익히도록 돕는다. 아동 또는 청소년이 향상되기 원하는 것이라면 어떤 사회성 기술이라도 다룰 수 있다. 치료자는 아동이 발달해야 할 사회성 기술이라면 어떤 것이라도 목표로 할 수 있는 융통성을 가지고 이 개입을 해야 한다. 향상되기 원하는 사회성 기술을 아동 스스로 정하게 하는 것이 중요하지만, 치료자는 종이에 적힌 사회성 기술 목록들이 아동이 연습하여 발달시킬 필요가 있는 것인지 확인해야 한다. 부모에게 이 기법을 가정에서 어떻게 할 수 있는지 지도해야 하고 모든 가족들이 놀이를 함께 하도록 권해야 한다. 이 기법은 놀이를 할 때마다 변경할 수 있다.

주사위 굴리기

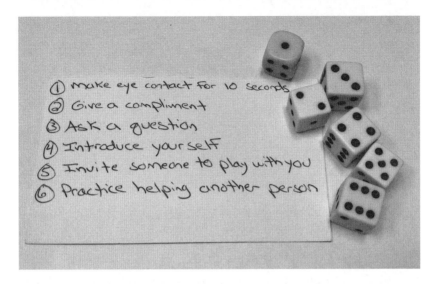

① Make eye contact for 10 seconds
② Give a compliment
③ Ask a question
④ Introduce yourself
⑤ Invite someone to play with you
⑥ Practice helping another person

소셜 미디어 친구, 적 또는 다른 사람

목표 영역	사회성 기술
수준	청소년
재료	소셜 미디어 계정, 색인 카드, 연필
형식	개인, 집단

소개

ASD와 발달장애를 가진 청소년은 종종 다른 사람들과 소셜 미디어를 통해 관계를 맺는 것에 끌리는데 이는 소셜 미디어가 안전한 경계선을 제공하고 사회적 불안감을 덜어 주기 때문이다. 이 개입은 청소년들이 누군가를 아는 데 다양한 수준이 있다는 것과 누군가를 직접 아는 것과 소셜 미디어 사이트를 통해 아는 것의 의미를 이해하도록 돕는다. 또한 이것은 소셜 미디어 사이트를 사용할 때 안전해 보이는 것과 조심해야 할 것으로 보이는 것에 대해 논의할 수 있도록 돕는다.

방법

치료자는 청소년에게 소셜 미디어를 통해 다른 사람과 상호작용할 때 안전한 것에 대해 함께 논의할 것이라고 설명한다. 이 개입을 하기 위해서 청소년은 소셜 미디어 계정을 가지고 있어야 한다. 치료자는 청소년과 함께 이 개입을 시작하기 전에 부모와 이 개입에 대해 논의해야 한다. 치료자와 청소년은 청소년의 소셜 미디어 계정 중 하나에서 친구들이나 팔로워들 명단을 훑어본다. 청소년은 각 사람을 친구, 가족, 아는 사람, 모르는 사람, 또는 적으로 구분하고 치료자에게 그 사람을 실제 생활에서 알게 되었는지 소셜 미디어를 통해 알게 되었는지 말한다. 청소년이 구분하면, 치료자는 색인 카드에 그 이름을 적고, 청소년이 그 사람을 어떻게 구분하였는지와 청소년이 그 사람을 실제 생활에서 알게 된 것인지 아니면 소셜 미디어를 통해 알게 된 것인지에 대해 적는다. 각 사람들을 다 적고 난 다음에, 모든 색인 카드를 청소년이 구분한 것에 따라 범주별로 정리해서 놓는다. 그다음 치료자와 청소년은 각 범주를 훑어보고 그 범주에 있는 '친구'의 숫자와 오직 소셜 미디어를 통해서만 알게 된 사람의 숫자에 대해 이야기한다. 그다음 치료자와 청소년은 사람을 아는 데 다양한 수준이 있다는 것과 단지 온라인에서만 알게 된 사람은 소셜 미디어를 통해 상호작용하는 것이 적절하다는 것과 이런 상호작용에서 안전할 수 있는 방법에 대해 논의한다.

이론적 근거

이 기법은 청소년들이 소셜 미디어에 참여하고 이를 통해 사회화되는 것과 관련된 사회성 기술에 대해 익히도록 돕는다. 또한 이 개입을 통해 청소년은 사람을 아는 데 다양한 수준이 있다는 것과 '친구'를 구성하는 것이 무엇인지 이해하는 작업을 한다. 부모는 소셜 미디어 계정들을 모니터해야 하고 이 기법을 가정에서 자녀와 정기적으로 할 수 있도록 지도받아야 한다.

사회성 기술 예언자

목표 영역	사회성 기술
수준	아동과 청소년
재료	종이, 마커
형식	개인, 가족, 집단

소개

사회성 기술 예언자 개입은 아동이 사회성 기술을 연습하는 데 있어 재미있고 매력적인 게임을 제공한다. 선택한 사회성 기술은 아동에게 적용할 수 있고 아동과 치료자가 함께 연습할 수 있는 것이어야 한다. 예언자에 촉각적이고 움직임이 있다는 면이 아동에게는 매력적이고 조절하는 요소를 제공한다. 이 개입에서는 소근육 기술 또한 연습하게 된다.

방법

치료자는 아동에게 종이 예언자를 함께 만들고 사회성 기술을 연습하기 위해 이를 사용할 것이라고 설명한다. 치료자는 아동에게 흰 종이나 색도화지로 어떻게 예언자를 만드는지 알려준다(여기에 예언자를 만드는 방법을 제시하였다). 예언자의 바깥쪽에는 숫자를 적어야 하고 안쪽에는 색깔을 적고, 색깔을 적은 면의 다른 면에는 사회성 기술을 적는다. 예언자가 만들어진 후에, 치료자와 아동은 교대로 게임을 할 수 있다. 이 게임의 기초 과정은 다음과 같다. 치료자가 예언자를 손가락에 넣는다. 아동이 숫자를 선택하면, 치료자는 아동이 선택한 숫자만큼 예언자를 앞뒤로 움직인다. 치료자가 예언자를 보여주고, 아동은 색깔을 고른다. 치료자가 그 색깔이 적힌 면을 펼치면, 사회성 기술이 나타난다. 그다음 치료자와 아동은 그 사회성 기술을 연습한다. 치료자와 아동은 다양한 사회성 기술을 정해서 예언자의 안쪽 면에 적을 수 있다. 치료자는 아동이 사회성 기술을 생각해 내도록 해야 하지만,

아동이 발달시켜야 하는 사회성 기술을 선택하도록 도와야 하고 이를 확인
해야 한다. 예언자 안쪽 면에 8개의 사회성 기술을 써넣을 수 있다.

이론적 근거

이 기법은 아동과 청소년이 사회성 기술을 익히도록 돕는다. 이 개입에서는
다양한 사회성 기술을 익힐 수 있는 기회를 제공한다. 치료자는 아동에게 발
달되어야 할 사회성 기술을 지도해야 한다. 예언자는 하나 이상 만들 수 있
다. 아동과 치료자는 다른 사회성 기술이 적혀 있는 예언자를 여러 개 만들
수 있다. 아동은 함께 만든 예언자를 집으로 가져가서 가족들과 함께 놀이할
수 있다. 부모에게 가정에서 예언자 만드는 방법을 알려주고 자녀와 함께 놀
이할 수 있는 방법에 대해 지도한다.

예언자 게임으로 놀이하는 방법 : 바깥 면에는 숫자를 적는다. 치료자는 예언
자를 잡고, 아동은 숫자를 고른다. 치료자는 예언자를 숫자만큼 앞뒤로 움
직이고 예언자의 안을 보여준다. 안쪽에는 색깔 이름이 있다. 아동이 색깔을
고르면, 치료자는 그 색깔이 써 있는 면을 위로 끌어올려서 그 색깔 면 밑에
쓰여 있는 사회성 기술을 읽는다. 치료자와 아동은 함께 그 사회성 기술을
연습하고 역할놀이를 한다.

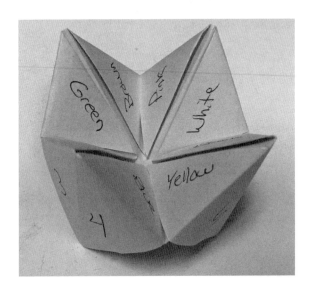

이것을 판사에게 말하세요

목표 영역	사회성 기술
수준	청소년
재료	없음
형식	개인

소개

ASD와 다른 발달장애를 가진 청소년은 종종 자기 자신과 자신을 둘러싸고 있는 세상이 정확하지 않고 자신에게 불안, 염려, 회피하는 행동을 유발시키는 경향이 있다는 사고와 신념을 가지고 있다. 이 신념의 대부분은 빈약한 사회성 기술로 인해 사회적인 경험을 부정적으로 하거나 부족해져서 생긴 것이다. 이것을 판사에게 말하세요 기법은 청소년들이 자신의 부정확한 사고와 신념에 도전하도록 돕는다.

방법

이 개입은 종종 치료자가 청소년과 라포를 형성하고 청소년이 가지고 있을 비논리적이거나 부정확한 신념에 대해 이해하고 난 다음에 실시한다. 치료자는 부정확한 사고에 대한 목록을 작성하고 청소년에게 그 목록을 준다. 청소년이 그중 하나를 선택하면서 이 개입을 시작한다. 치료자는 이 생각을 '판사'에게 함께 가지고 갈 것이라고 설명하는데 그 판사 역할은 치료자가 맡을 것이다. 청소년은 변호사가 되어서 판사에게 왜 이 사고가 정확한지 논박하는 역할과 왜 이 사고가 정확하지 않은지에 대해 논박하는 역할의 두 가지 역할을 할 것이다. 그다음 청소년은 치료자에게 두 가지 면을 제시한다. 치료자는 청소년이 제시한 것을 다루고 판결을 내린다. 치료자는 청소년이 가지고 있는 비이성적거나 부정확한 사고와 신념이라면 어떤 것이라도 청소년과 함께 이야기한다. 치료자는 그 사고가 부정확하다는 증거를 제시해야 하고 청소년의 부정확한 사고가 더 정확한 사고로 전환될 수 있도록 노력해야 한다.

이론적 근거

이 개입은 청소년이 자신을 부정적 정서 또는 위축된 행동으로 이끄는 어떠한 비이성적이거나 부정확한 사고라도 다루도록 돕는다. 치료자는 청소년이 어떠한 부정확한 사고라도 발견하도록 도와서 이성적이고 구체적인 정보를 사용할 수 있게 되기를 원한다. 이 과정은 부정확한 사고라고 확인된 것들을 모두 다룰 때까지 반복된다. 이 개입은 인지를 기반으로 하면서 재미있고 매력적인 방법으로 부정확한 사고와 신념들을 다룬다.

3개의 폼 주사위

목표 영역	사회성 기술
수준	아동과 청소년
재료	폼 주사위, 마커
형식	개인, 가족, 집단

소개

3개의 폼 주사위 기법은 아동이 조절곤란 상태를 피하도록 돕는 예방적인 연습에 초점을 맞추고 있다. 이 개입에는 사회성 기술을 증가시키고, 정서 조절 능력을 증가시키고, 그리고 관계 발달을 증진시키기 위한 작업이 포함된다.

방법

폼 주사위 3개를 사용하는데(여기에 제시된 사진을 참조하라), 치료자는 주사위 1개는 사회성 기술로, 1개는 정서로, 1개는 관계 맺기 활동들로 정한다. 그다음 치료자는 사회성 기술 주사위의 각 면에 연습할 수 있는 사회성 기술을 적고, 정서 주사위의 각 면에는 다양한 정서를 적고, 관계 맺기 주사위의 각 면에는 관계 맺기 활동을 적는다. 치료자가 적은 정보는 각 아동 또는 청소년이 도전해야 할 구체적인 내용과 일치해야 한다. 보통 치료자는 아동과의 회기 전에 주사위를 만들어 놓을 것이다. 아동이 3개의 주사위를 한꺼번에 던지는데, 각 주사위들의 앞면에는 아동이 해야 할 일과 횟수가 나타난다. 예를 들어, 만약 아동이 정서 주사위를 던지고 숫자가 3이 나왔는데 그 면에 적혀 있는 정서가 슬픔이면, 아동은 슬픔을 느낀 일 세 가지를 나누어야 한다. 만약 아동이 사회성 기술 주사위를 굴려 숫자 4가 나왔고, 그 면에 누군가를 칭찬하기가 적혀 있다면, 아동은 네 가지의 칭찬을 해야 할 것이다. 만약 아동이 관계 맺기 주사위를 던져 숫자 1이 나왔고, 그 면에 '누군가와 악수 하세요'라고 적혀 있다면, 그다음 아동은 누군가와 한번 악수를 할 것이다. 치료자와 아동은 주사위에 적힌 모든 일을 다 할 때까지 또는 치료자가 게임을 끝낼 때까지 계속 주사위를 던지고 이 방법으로 놀이를 한다.

이론적 근거

3개의 폼 주사위 개입은 동시에 다양한 문제를 다룬다. 이 개입을 통해 사회성 기술, 정서 조절, 그리고 관계 맺기 도전을 모두 다룰 수 있다. 주사위를 만들 때, 치료자들은 함께 작업할 아동에 대해 고려해야 하고 그 아동에게 필요한 구체적인 사회성 기술, 관계 맺기 문제들, 그리고 정서 조절 문제들이 무엇인지 그리고 이 도전들이 주사위에 적혀 있는지 검토해야 한다. 폼 주사위는 다양한 사이즈가 있고 온라인에서 찾을 수 있는데 교육용품 판매점에서 가장 잘 찾을 수 있다. 폼 주사위는 아동이 집으로 가져갈 수 있고, 부모와 다른 가족들은 이 개입으로 자녀와 놀이할 수 있다.

3개의 폼 주사위

예방 역할놀이

목표 영역	사회성 기술
수준	아동과 청소년
재료	없음
형식	개인

소개

ASD와 발달장애를 가진 아동과 청소년은 종종 불안이나 조절곤란을 크게 유발하는 특정 상황이나 사건에 놓일 때가 있다. 부모는 종종 미용실에 가거나 치과에 가는 것과 같은 조절에 어려움이 생기는 사건에 자녀를 참여시키는 것에 어려움을 겪는다. 예방 역할놀이는 아동과 청소년이 불안수준을 낮추고, 사회성 기술을 얻고, 일반적으로 그들에게 문제를 일으키는 특정 상황이나 사건에 둔감해지도록 돕는다.

방법

치료자들은 이 게임을 시작할 때 아동이 어려움을 겪는 특정 상황이나 사건이 무엇인지 확인해야 한다. 이는 추측하기보다 부모에게 확인할 수 있다. 예를 들어, 부모는 병원에 가는 것이 어렵다는 것을 알고 있다. 아동이 여러 차례 분노폭발을 해서, 부모는 종종 아동을 병원에 데려갈 수 없다. 치료자는 부모에게서 병원과 관련된 정보, 예를 들면 의사 이름, 병원 모습, 일상적인 절차, 그리고 아동의 특정 반응이나 행동과 같은 정보들을 최대한 많이 모을 수 있다. 그다음 치료자는 아동과 만나서 아동과 함께 그 상황에 대해 재미있고, 매력 있고, 어느 정도는 과장된 방법으로 역할놀이를 한다. 치료자는 퍼펫이나 사람 모형을 사용하거나, 아동, 의사, 그리고 부모 역할을 하면서 놀이를 시작할 수 있다. 치료자는 역할놀이를 재미있게, 활기차게, 즐겁게, 모든 반응들을 과장되게 하기 위해 정장과 가면 등과 같은 소품을 사용해야 한다. 치료자는 놀이실에 있는 모든 다양한 소품들을 사용할 것이다. 치료자는 아동에게 역할놀이를 함께 할 것인지 물을 것이고 편안하게 느끼는 수준에서 아동을 참여하게 할 것이다. 치료자는 아동이 완전히 몰입하여 자신에 대해 연기하면서 역할놀이를 할 때까지 점점 더 많은 역할을 맡도록 격려할 것이다. 역할놀이를 여러 차례 하면서 실제 사건이 표현될 때, 치료자는 아동에게 대처 기술을 사용하여 분노폭발이나 화내지 않으면서 병원에 가는 긍정적인 결과를 보여주는 역할놀이를 소개할 것이다. 그다음 치료자와 아동은 회기가 끝날 때까지 새로운 역할놀이를 여러 번 할 것이다. 역할놀이는 다음 회기와 그 후에도 아동이 병원에 성공적으로 갈 수 있을 때까지 여러 회기 동안 반복할 수 있다. 아동이 참여하기로 예정된 일이 있기 몇 회기 전에 이 개입을 시작하는 것이 가장 도움이 된다.

이론적 근거

예방 역할놀이는 아동에게 엄청난 불안이나 조절곤란을 초래하는 어려운 상황이나 사건에 참여하도록 돕는 긍정적인 사회성 기술을 연습하도록 고안되었다. 또한 이 개입은 문제가 되는 상황 또는 사건에 아동이 둔감해지도록 돕는다. 문제가 되는 사건에 아동이 둔감해지기 위해서는 역할놀이를 많이 해야 한다.

치료자들은 특히 문제가 되는 상황에 아동이 참여하기 2회기 전에 그 상황에 대한 역할놀이로 이 개입을 실시해야 한다. 치료자는 예방 역할놀이 개입을 하고 난 다음 아동이 그 상황을 어떻게 다루었는지 부모에게서 피드백을 받고 싶어 할 것이다. 부모들 역시 가정에서 자녀와 함께 역할놀이를 할 수 있다. 부모들은 특히 목표 사건에 참여하기 며칠 전에 이 개입을 실시하기 원할 것이다.

예방 역할놀이 문제 상황들

병원에 가기

치과에 가기

머리 자르기

가게나 백화점 가기

세차하기

학교 회의에 참여하기

현장학습에 참여하기

전시회와 축제에 가기

점프 하우스나 오락실 가기

가족 모임에 참석하기

생일축하 파티에 참여하기

친척을 집에 오게 하기

휴가 가기

비행기 타기

공항 검색대 통과하기

공중 화장실 이용하기

음식점에서 음식 주문하기

테마 파크 가기

공원에서 놀기

수영장 가기

조용하고 시끄러운

목표 영역	사회성 기술
수준	아동과 청소년
재료	없음
형식	개인

소개

ASD 아동과 청소년은 종종 자신의 목소리 톤에 대해 어려움을 겪는다. 다른 ASD 아동이 부적절한 크기로 말을 할 때(너무 작거나 또는 너무 크게) 어떤 ASD 아동은 시간의 100% 동안 밋밋한 톤으로 이야기한다. 조용하고 시끄러운 기법은 ASD와 발달장애를 가진 아동이 자신의 목소리가 어떻게 변할 수 있고 자신의 음성과 파동을 어떻게 조절할 수 있는지 알게 하여 목소리 톤을 이해할 수 있도록 돕는다.

방법

치료자는 아동에게 어떻게 말하고 자신의 목소리를 어떻게 작게, 크게, 또는 중간으로 할 수 있는지에 대해 익히는 활동을 함께 완수할 것이라고 말한다. 치료자는 아동에게 앞으로 두 손을 모으고 속삭이면서 무엇인가 말하는 시범을 보인다. 치료자는 자신의 손을 천천히 떼고 서서히 자신의 손을 양옆으로 더 멀리 움직이면서, 자신의 목소리를 점점 더 크게 낸다. 그다음 아동에게 치료자와 함께 이 활동을 하게 한다. 아동은 말할 단어를 고를 수 있고 그 단어를 사용해서 작은 목소리에서 큰 목소리로 말한다.

치료자는 작게 말해야 하거나, 속삭이면서 말하거나, 보통의 목소리로 또는 크게 말하기에 적절한 장소나 상황에 대해 논의하면서 이 활동을 계속 지켜볼 수 있다. 또한 치료자와 아동은 목소리 톤으로 슬픈, 흥분된, 무서운, 또는 다른 상태를 표현하기 위해 아동의 목소리에서 톤을 바꾸는 연습을 할 수 있다.

이론적 근거

이 개입에서는 특히, 상황에 적절한 크기로 이야기하거나 아동이 표현하고 싶어 하는 다양한 감정이나 상태를 나타내기 위해 목소리 톤을 변화시키는 것과 관련된 사회성 기술을 증가시키는 작업을 한다. 이 개입은 아동이 숙달 감을 얻고 말하기와 톤 기술을 증가시키기 위해 여러 번 시행되어야 한다. 가 정에서 자녀와 함께 이 개입을 연습하도록 부모를 지도할 수 있다.

조용하고 시끄러운

학교 규칙들

목표 영역	사회성 기술
수준	아동과 청소년
재료	종이, 마커, 형광펜
형식	개인, 집단

소개

ASD와 발달장애를 가진 아동과 청소년은 종종 사회성 기술과 사회적 상호작용에 어려움을 겪는다. 아마도 틀림없이, 학교는 아동이 참여하고 있는 가장 큰 사회적 상황이고 종종 수많은 사회적 요구로 인해 극심한 불안이 유발되는 장소이다. 학교 규칙들 개입은 직면할 수 있는 다양한 사회적 상황과 규칙들을 아동이 확인할 수 있도록 돕고 사회적 상황을 더 잘 이해할 수 있도록 돕고 어려움을 겪고 있는 상황을 조정할 수 있는 적절한 기술의 발달을 위해 연습할 수 있도록 돕는다.

방법

치료자는 아동에게 학교에서 규칙을 따르고 학교 생활에 잘 참여할 수 있도록 돕는 사회성 기술을 향상시키기 위해 함께 작업할 것이라고 설명한다. 아동은 종이에 자신의 학교를 그린다. 아동은 자신이 그린 그림에 학교 규칙을 적는다(학교에서 따라야 할 규칙으로 아동이 기억하고 있는 것이라면 어떤 규칙이라도 적을 수 있다). 그다음 아동은 학교 옆에 사람 윤곽선을 그린다. 사람 윤곽선 안에, 아동은 학교에 있다고 생각할 수 있는 모든 사회적 규칙들을 적는다. 치료자는 아동에게 사회적 규칙이 무엇을 의미하는지 설명해야 할 수도 있다. 그림을 그리고 규칙을 다 적은 후에, 아동은 각 규칙들을 살펴보고 다음의 지침을 사용하여 각 규칙의 옆에 색깔로 점을 그린다.

초록색=아동이 이해하지 못한 규칙들

분홍색=아동이 좋아하지 않는 규칙들

노란색=아동이 어긴 규칙들

파란색=아동이 좋아하는 규칙들

그다음 치료자는 아동과 함께 그 규칙들을 살펴보고 아동이 이해하지 못했거나 좋아하지 않는 규칙들에 대해 구체적으로 이야기한다. 또한 치료자는 아동이 어긴 규칙을 준수하도록 돕는 방법에 대해 논의해야 한다.

이론적 근거

이 개입은 아동 또는 청소년이 어려움을 겪을 수 있는 학교 규칙과 사회적 규칙을 잘 다룰 수 있도록 돕는 사회성 기술을 증가시킨다. 부모에게 이 개입을 가르칠 수 있고, 아동이 만든 것을 복사해 가정으로 보내서 부모가 학교와 관련된 자녀의 사회성 기술의 결핍된 부분을 향상시킬 수 있는 연습을 계속 할 수 있게 한다.

학교 규칙들 예

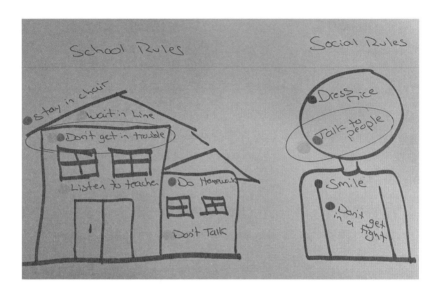

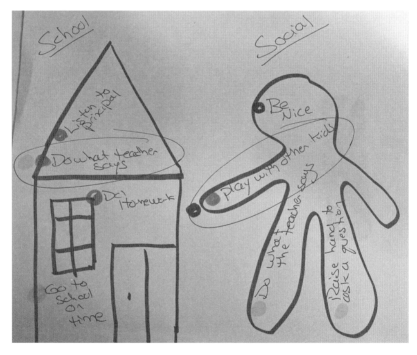

6

관계 맺기 개입

· 관계 맺기 ·

접촉　　**눈 맞춤**　　조율하기

돌보기　　배려하기　　시선 마주치기

애정　　애착　　표현

사랑　　친밀감　　**참여하기**

유대감　　**관계**　　관계 맺기

상호성　　다정함　　**걱정**

감정　　**따뜻함**

장애물 통과하기

목표 영역	관계 맺기(관계 발달)
수준	아동과 청소년
재료	종이 몇 장
형식	개인, 가족, 집단

도입

ASD와 발달장애를 가진 아동과 청소년은 종종 다른 사람들과 의미 있는 관계를 맺는 것에 어려움을 경험한다. 이 개입은 관계 맺기, 믿음, 다른 사람들과 함께 있는 것, 그리고 일반적인 관계 발달을 익힐 수 있도록 돕는다.

방법

치료자는 아동에게 다른 사람들을 믿고 더 편안해지도록 돕는 게임을 함께 하게 될 것이라고 설명한다. 치료자는 종이들을 뭉쳐서 놀이실 바닥에 놓는다. 그다음 치료자는 아동에게 교대로 안대를 하고 있는 사람을 인도해서 바닥에 있는 종이를 밟지 않으면서 놀이실 한쪽에서 다른 쪽으로 데리고 와야 한다는 것을 설명한다. 치료자가 먼저 아동의 눈을 가린다. 치료자는 아동 뒤에 서서 아동의 어깨에 손을 올린다. 치료자는 아동에게 말을 하고 몸에 힌트를 주어 아동이 종이를 밟지 않고 놀이실을 가로질러 올 수 있도록 안내한다. 일단 성공적으로 놀이실을 가로질러 오면, 치료자와 아동은 역할을 바꾸고, 아동은 치료자 뒤에서 종이를 밟지 않으면서 놀이실을 가로질러 올 수 있도록 이끈다. 게임은 매번 종이를 다르게 배치하면서 여러 번 할 수 있다. 치료자는 아동이 안대를 하고 다른 사람에게 신체적으로 이끌려 가는 것을 편안해하는지 정기적으로 점검해야 한다.

이론

이 기법은 아동과 청소년이 관계 맺기와 관계 증진에 대해 익힐 수 있도록 돕는다. 아동과 청소년은 다른 사람과 관계를 맺는 것에 더 편안해질 수 있고 다른 사람과 상호작용을 할 때 생길 수 있는 불안이 감소될 수 있다. 놀이하는 시간마다, 그들은 바닥에 종이뭉치를 섞어 놓아서 새로운 장애물을 만들 수 있다. 부모들에게 가정에서 이 개입을 하도록 지도할 수 있고 자녀와 모든 가족들이 다 참여하여 정기적으로 이 놀이를 하도록 권할 수 있다. 이 개입에는, 다른 관계 맺기 개입과 함께, 신체 접촉이 있다. 개입을 실시하기 전에 항상 아동에게 이를 먼저 설명해야 하고, 치료자는 아동이 치료자와 어느 정도의 접촉을 하고 가까이 있는 것에 동의하는지 확인해야 한다.

장애물 통과하기

찢고 빠져나오기

목표 영역	관계 맺기(관계 발달)
수준	아동과 청소년
재료	화장실 휴지 또는 주름종이
형식	개인, 가족, 집단

도입

찢고 빠져나오기 개입은 아동과 청소년이 다른 사람과 맞추고, 신체적 자기를 인식할 수 있고, 다른 사람의 신체적 존재에 대해 편안해질 수 있도록 돕는다. 더 나아가, 이 개입은 일반적으로 ASD 아동이 긍정적으로 반응하는 감각에 기초를 둔 경험을 증진시킨다.

방법

아동에게 치료자가 아동의 다리와 팔에 주름종이를 감을 것이고(두루마리 휴지도 사용할 수 있다), 아동은 감싸놓은 것을 찢고 빠져나올 것이라고 설명한다. 치료자는 두루마리 휴지나 주름종이로 다리와 같은 아동의 신체 한 부분을 감기 시작한다. 치료자는 아동에게 다리를 다 감을 때까지 가만히 있어야 한다고 이야기한다. 일단 다 감은 후, 치료자는 "가세요"라고 말하고, 아동은 감아놓은 종이를 뜯는다. 그다음 치료자는 아동의 팔과 같은 다른 신체 부분을 휴지로 감고 이 과정을 반복한다. 치료자는 아동의 손과 아동의 몸 전체에도 휴지를 감을 수 있다. 만약 아동이 원한다면, 치료자와 아동은 역할을 바꿀 수 있고, 아동은 치료자를 휴지로 감을 수 있다.

이론

찢고 빠져나오기는 아동과 청소년이 관계 맺기와 관계 증진에 대해 익히도록 돕는다. 이것은 또한 다른 사람과의 조율과 신체조절 문제를 다룬다. 이 개입은 여러 번 반복할 수 있다. 아동에게 휴지를 감을 때, 치료자는 여러 번 감을 수 있지만 너무 많이 감아서는 안 된다. 중요한 것은 아동이 쉽게 휴지를 찢을 수 있어야 한다는 것이다.

부모에게 집에서 자녀와 함께 이 개입을 할 수 있도록 지도해야 한다. 부모에게는 이 개입을 재미있고 활기차게 하도록 권해야 하고 자녀가 부모에게 휴지를 감을 수 있도록 자녀와 역할을 바꿀 것을 권해야 한다. 부모들은 이 개입을 온 가족과 함께 할 수 있다.

찢고 빠져나오기

이구아나 걸음

목표 영역	관계 맺기(관계 발달)
수준	아동
재료	없음
형식	개인

도입

이구아나 걸음 기법은 간단하지만 효과적인 개입으로 아동이 관계를 발달시키고 다른 사람과 관계를 맺도록 돕는다. 이 개입은 아동을 참여하게 하는 재미있고 즐거운 방법이다. 더 나아가, 이 개입은 아동이 다른 사람과의 긍정적인 접촉과 친밀한 상호작용을 이해하고 편안해질 수 있도록 돕는다.

방법

아동에게 치료자가 아동의 손과 다리를 위아래로 움직여서 이구아나 걸음을 걷게 할 것이라고 이야기한다. 치료자는 봉제 동물 인형이나 치료자 자신의 팔로 먼저 시범을 보이면서 아동에게 어떻게 하는지 보여준다. 아동은 바닥이나 의자에 앉고 한쪽 팔을 내민다. 치료자는 자신의 손을 말하는 퍼펫처럼 만들고, 동시에 한 손으로, 아동의 손을 꽉 잡고(아동의 손가락에서부터 시작하여) 이구아나가 아동의 팔을 꽉 잡고 걸어 올라오는 것처럼 아동의 팔에 달라붙어서 아동의 팔을 위로 움직인다. 그다음 치료자는 아동의 다른 팔에 그다음은 아동의 다리에 같은 활동을 반복한다.

그다음 치료자는 아동도 치료자에게 이구아나 걸음을 하고 싶은지 묻는다. 치료자는 아동에게 접촉이 있을 것이라고 설명해야 하고 각 접촉수준에 대해 아동에게 허락받아야 한다는 것을 유념해야 한다. 치료자와 아동은 교대로 이구아나 걸음을 여러 번 반복할 수 있다.

이론

이 기법은 아동이 관계 맺기와 관계 발달 중 특히 다른 사람에게 맞추고, 신체 접촉에 편안해지고, 다른 사람과 상호적인 활동을 할 수 있도록 돕는다. 이 개입은 여러 번 반복해서 할 수 있다. 치료자는 아동이 치료자에게 이구아나 걸음을 완수하도록 격려해야 하지만, 만약 아동이 이 개입에 대해 불편해한다면, 강요해서는 안 된다. 이 개입을 부모에게 가르쳐서 자녀와 집에서 정기적으로 할 수 있게 해야 한다. 이 관계 맺기 개입은 다른 관계 맺기 개입과 함께 짝을 이루어 부모가 가정에서 자녀와 함께 하거나 온 가족이 참여해서 할 수 있다.

이구아나 걸음

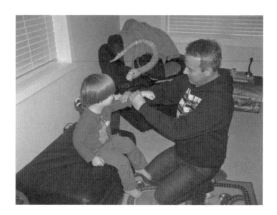

감정 카드를 찾아보세요

목표 영역	관계 맺기(관계 발달)
수준	아동
재료	색인 카드, 연필
형식	개인, 가족

소개

ASD와 발달장애를 가진 아동은 종종 다른 사람들, 심지어는 가족들과도 관계 맺는 것에 어려움을 겪는다. 관계 맺기 기술들에는 사회성 기술과 정서 조절 요소가 모두 포함된다. 이 개입은 아동에게 관계 맺기, 사회성 기술 그리고 정서 조절이 발달되도록 돕는다. 치료자는 아동이 표현하고 조절하는 데 있어 도움이 필요한 특정 감정을 다루도록 이 개입의 내용을 구성할 수 있다.

방법

치료자와 아동은 여러 장의 색인 카드에 감정 단어들을 쓴다(보통 시작할 때에는 8~10개 정도). 그다음 치료자와 아동은 차례대로 색인 카드를 뽑고 다른 사람이 보지 않는 동안 자신의 몸에 카드를 숨긴다. 그다음 다른 사람은 그 사람의 몸에서 카드를 찾아야 한다. 카드를 찾으면, 찾은 사람은 카드에 적혀 있는 감정 단어를 읽고 그 감정을 느끼게 한 일에 대해 말해야 한다. 모든 색인 카드를 다 사용할 때까지 이 과정을 반복한다. 치료자는 자신의 몸에서 쉽게 찾을 수 있는 곳에 카드를 숨겨야 한다. 만약 아동이 치료자가 자신의 몸을 만지는 것이나 치료자의 몸을 만지는 것에 대해 불편함을 느낀다면, 감정 카드는 사용할 수 있고, 서로 몸의 한 부분을 가리킬 수 있다.

이론적 근거

이 기법은 아동이 사회성 기술, 관계 맺기와 관계 발달, 그리고 정서 조절을 익힐 수 있도록 돕는다. 이 개입은 치료자와 아동이 함께 다른 색인 감정 카드를 만들면서 여러 번 반복할 수 있다. 색인 카드를 몸에 숨길 때 소매 밑으로 나와 있게 하거나, 머리 위에 올려놓거나, 신발 속에서 나와 있게 하는 등과 같이 어느 정도는 분명히 보이게 해야 한다. 이 개입은 아동이 다른 사람에게 주의를 기울이고 조율하고, 정서를 인식하고 표현하고, 관계 맺는 것을 학습하도록 돕는다. 치료자는 또한 "당신의 얼굴에 감정을 표현하세요"와 같은 다른 지시로 감정 나누는 시간을 바꿀 수도 있다. 부모에게는 집에서 자녀와 함께 이 개입을 할 수 있도록 가르쳐야 한다. 부모에게 자녀가 느끼고 있을 감정에 맞춰 조율하고 색인 감정 카드에 적혀 있는 감정들을 표현하도록 권한다. 또한 부모에게 모든 가족들과 함께 이 활동을 하도록 권한다.

감정 카드를 찾아보세요

내 주변을 돌아요

목표 영역	관계 맺기(관계 발달)
수준	아동
재료	없음
형식	개인

소개

내 주변을 돌아요 개입은 특히 어린 아동에게 재미있고 매력적인 관계 맺기 활동이다. 이 활동을 하는 동안 계속 신체 접촉을 하게 되고, 눈 맞춤과 같은 사회성 기술도 연습한다.

방법

치료자는 아동에게 시간 내내 함께 손을 잡아야 하는 게임을 하게 될 것이라고 설명한다. 치료자는 한 장소에 서 있고, 아동은 치료자 옆에 선다. 치료자가 아동의 오른손을 잡으면, 아동은 치료자 주변을 걷는다. 아동이 치료자의 뒤쪽으로 가게 되면, 치료자는 왼손으로 바꾸어 아동의 오른손을 잡아 아동이 치료자 주변을 계속 돌 수 있게 한다. 아동은 치료자와 손을 맞바꾸면서 치료자의 주위를 계속 돌아다니지만, 치료자의 주위를 걸을 때는 항상 아동과 접촉한다.

여러 번 주변을 걷고 난 다음, 치료자는 아동에게 방향을 바꾸게 하여 반대방향으로 치료자 주변을 걷게 한다. 치료자는 또한 아동에게 느리게 움직이기, 빠르게 걷기, 깡충깡충 뛰기, 건너뛰기, 또는 뒤로 걷기 등과 같은 특정한 방식으로 치료자 주변을 걷게 할 수도 있다.

이론적 근거

아동은 내 주변을 돌아요 개입을 통해, 특히 다른 사람에게 맞추기, 신체 접촉하기, 그리고 다른 사람의 지시 따르기와 같은 관계 맺기와 관계 발달에 대한 작업을 하게 된다. 이 개입은 여러 번 반복할 수 있고, 만약 아동이 원한다면 치료자와 아동은 역할을 바꿀 수 있다.

부모에게는 집에서 자녀와 함께 이 개입을 정기적으로 할 수 있도록 가르쳐야 한다. 이 개입은 부모와 아동이 집에서 함께 놀 수 있는 다른 관계 맺기 기법들과 함께 짝을 이루어 쉽게 사용할 수 있다. 부모들은 형제들 또는 다른 가족들을 함께 참여시킬 수 있다. 아동과 함께 놀이를 할 때 다른 가족을 참여시키면 관계 맺기 기술을 일반화할 수 있게 될 것이다.

내 주변을 돌아요

모래 게임

목표 영역	관계 맺기(관계 발달)
수준	아동과 청소년
재료	모래상자, 모래, 다양한 모래 놀이 장난감들
형식	개인

소개

ASD와 발달장애를 가진 아동과 청소년은 다른 사람과 관계 맺는 방법을 배울 때 종종 도움이 필요하다. 더 나아가, 그들은 대부분 감각기반 지시와 경험들에 더 잘 반응한다. 모래 게임들은 감각기반 활동들로 관계 맺기 발달에 도움이 된다.

방법

치료자는 아동에게 모래 상자 안에서 몇 가지 활동을 함께 하게 될 것이라고 설명한다. 치료자와 아동은 함께 몇 가지 모래 게임을 한다.

1. 치료자와 아동은 차례로 각자 다른 사람의 손과 팔을 모래 속에 묻는다.
2. 치료자와 아동은 손 안에 모래를 담아서, 치료자의 손에서 아동의 손으로 다시 치료자의 손으로 모래를 붓는다.
3. 한 사람이 손을 컵처럼 만들면 다른 사람은 그 안에 모래를 채운다.
4. 치료자와 아동은 각각 모래 속에 한 손을 묻고 다른 사람의 손을 잡기 위해 모래 속에서 자신의 손을 움직인다.
5. 치료자와 아동은 손을 잡고 그 잡은 손을 모래 위에 올려놓는다. 다른 손으로, 치료자와 아동은 잡은 손을 모래 속에다 함께 묻는다.

이론적 근거

모래 게임 개입은 관계 맺기와 관계 증진을 익힐 수 있도록 아동을 돕는다. 아동은 다른 사람과 더 편안하게 상호작용하고 다른 사람과 함께 과제를 완수할 수 있게 된다. 이 개입은 여러 번 반복해서 할 수 있고, 치료자나 아동은 새로운 모래 게임을 만들 수 있다. 모래 게임에서는 아동과 치료자가 무엇인가를 함께 하고 다른 사람의 손과 팔을 사용하는 것에 적극적으로 참여해야 한다. 만약 가정에 모래 상자가 있다면 자녀와 함께 집에서 이 개입을 하도록 부모를 지도해야 한다. 만약 모래상자가 없다면, 이 개입은 치료자의 상담실에서만 실시하게 될 것이다.

모래 게임

돌아서며 얼굴 표정 바꾸기

목표 영역	관계 맺기(관계 발달)
수준	아동과 청소년
재료	없음
형식	개인, 가족, 집단

소개

ASD와 발달장애를 가진 아동과 청소년은 단순히 다른 사람을 쳐다보는 것과 같은, 다른 사람과의 기본적인 상호작용에도 어려움을 겪을 수 있다. 이 개입은 아동과 청소년이 다른 사람을 의식하고 다른 사람과 관계를 맺는 데 도움을 준다. 더 나아가, 이것은 아동이 다른 사람을 살펴보고 또 다른 사람과의 공동 활동에 참여하는 것과 같은 사회성 기술을 발달시키는 것에 도움을 준다.

방법

치료자는 아동에게 함께 서로를 쳐다보는 게임을 할 것이라고 이야기한다. 치료자와 아동은 서로 등을 대고 서 있는다. 치료자가 셋을 세면, 치료자와 아동은 함께 돌아서서 서로를 보고 얼굴을 찌푸린다. 각자 상대방이 어떤 표정을 짓고 있었는지 말해야 한다.

    이 활동은 여러 번 반복해서 하는데, 매번 치료자와 아동은 각자 다른 표정을 지어야 한다. 치료자는 아동에게 서로 돌아서서 매번 바보 같은 표정, 화난 표정, 행복한 표정, 혼란스러운 표정, 겁먹은 표정, 비열한 표정, 다정한 표정 등과 같은 특정 표정을 지어야 한다고 설명할 수 있다.

이론적 근거

이 기법은 아동과 청소년이 관계 맺기와 관계 증진뿐 아니라 사회성 기술과 정서 조절을 익히도록 돕는다. 치료자가 특별한 지시를 하면, 아동은 정서를 나타내는 다양한 표정을 짓는 연습을 할 수 있고 다정한 표정 또는 비열한 표정과 같은 사회적 인식을 나타내는 얼굴 표정을 짓는 연습을 할 수 있다.

돌아서며 얼굴 표정 바꾸기 개입은 아동에게 관계 맺기뿐 아니라 정서 표현 발달에도 도움을 주고 아동이 신체언어를 인식하는 법을 배우도록 돕는다. 부모에게 자녀와 함께 가정에서 정기적으로 이 개입을 할 수 있도록 가르쳐야 한다. 치료자는 부모가 가정에서 자녀와 함께 이 개입을 할 때 얼굴 표정을 만들고 연습할 수 있도록 부모에게 몇 가지 아이디어를 제공해야 한다.

돌아서며 얼굴 표정 바꾸기

물고기와 상어

목표 영역	관계 맺기(관계 발달)
수준	아동
재료	없음
형식	개인

소개

다른 사람과 놀이를 하고, 다른 사람에게 관심을 기울이고, 다른 사람과 신체 접촉을 하는 것은 일반적으로 ASD와 발달장애를 가진 아동들에게 어려운 영역이다. 이 개입은 재미있고 매력적인 과정 속에서 아동에게 이 기술들이 발달되도록 돕는다.

방법

물고기와 상어 기법은 치료자와 아동이 손으로 할 수 있는 게임이다. 치료자와 아동은 서로 만질 수 있을 만큼 가깝게 서서 서로를 마주보면서 바닥에 앉는다. 아동은 의자에 앉고 치료자는 바닥에 앉을 수도 있다. 치료자는 자신의 두 손을 맞잡은 다음 물고기가 헤엄치듯이 꿈틀거리면서 바닥을 가로질러 움직인다. 치료자는 '물고기, 물고기'라고 말하면서, 아동을 향해 자신의 손을 꿈틀거린다. 치료자가 아동에게 가까이 가면, 아동은 '상어'라고 말하고, 자신의 두 손으로 물고기라며 움직이고 있는 치료자의 손을 꽉 잡는다. 이 개입은 여러 번 반복해서 실시해야 하는데, 만약 아동이 원한다면, 역할은 바꿀 수 있어서, 아동이 물고기가 되고 치료자는 상어가 될 수 있다.

이론적 근거

물고기와 상어는 아동이 특히 다른 사람에게 맞추고 주의를 기울이는 것과 같은, 관계 맺기와 관계 증진을 익히는 데 도움을 준다. 또한 이 개입에는 집중력, 눈 맞춤, 그리고 공동 관심 기술의 증가가 포함된다.

부모에게 물고기와 상어 기법을 지도해야 하고, 이 개입으로 가정에서 자녀와 함께 정기적으로 놀이를 하도록 권해야 한다. 이 개입은 다른 관계 맺기 개입들과 함께 사용할 수 있으므로 부모는 한 번의 놀이 시간 동안 여러 가지 관계 맺기 기법들을 가지고 놀이할 수 있다. 또한 부모는 자녀와 이 개입으로 놀이를 할 때 다른 가족들을 함께 참여시킬 수도 있다.

물고기와 상어

나를 확대하기

목표 영역	관계 맺기(관계 발달)
수준	아동
재료	돋보기
형식	개인

소개

나를 확대하기 기법은 재미있고 매력적인 방법으로 아동에게 관계 맺기를 익히게 한다. 이 개입은 아동이 다른 사람과 긍정적으로 상호작용하고, 다른 사람에게 주의를 기울이고, 다른 사람에게 주목받는 것에 편해지고, 좀 더 나은 신체 자기감이 발달되도록 돕는다.

방법

치료자는 아동에게 돋보기를 사용해서 아동의 다른 신체 부위에 가까이 대고서 검사를 할 것이라고 설명한다. 치료자는 장난감 돋보기로 아동의 귀, 코, 눈, 머리카락, 손가락 등과 같은, 아동의 신체 부위들을 차례로 면밀히 살펴본다. 아동의 각 신체 부위를 볼때마다, 치료자는 "와, 이렇게 멋진 코를 가지고 있다니", 또는 "이건 정말 갈색머리인데"와 같은 긍정적인 말을 해야 한다.

여기서 중요한 것은 치료자가 아동에 대해 코멘트를 하는 것인데 그 코멘트는 긍정적이고/또는 잘 묘사하는 말로 해야 한다는 것이다. 그다음 치료자는 아동과 역할을 바꾸고 아동이 돋보기를 가지고 치료자를 면밀히 살펴보도록 해야 한다. 치료자는 아동을 검사할 때 새로운 코멘트를 하면서 이 개입을 여러 번 실시할 수 있다.

이론적 근거

이 기법은 아동이 관계 맺기와 관계 증진에 대해 익히도록 도움을 준다. 나를 확대하기는 아동이 자신에 대해 더 편해지고 자기를 인식하도록 돕고 다른 사람과 더 편해지고 그들을 인식하도록 돕는다. 또한 돋보기는 이런 기법들을 익힐 때 아동에게 안전한 거리를 제공하는 재미있는 요소가 된다. 부모에게 가정에서 이 개입으로 놀이하도록 가르칠 수 있고 부모는 이 기법을 상담 회기 사이에 정기적으로 다른 관계 맺기 기법들과 결합하여 실시할 수 있다.

나를 확대하기

기어가는 게

목표 영역	관계 맺기(관계 발달)
수준	아동
재료	없음
형식	개인

소개

ASD 아동은 종종 불안이 덜 유발되고 재미있고 매력적인 방법으로 다양한 관계 맺기 기법들을 사용하고자 한다. 기어가는 게 기법은 단순하지만 효과적인 관계 맺기와 접촉하기 개입으로 아동(특별히 어린 아동)이 다른 사람과 관계를 발달시키는 것에 도움이 된다. 또한, 이 기법은 아동이 긍정적인 접촉, 다른 사람에게 맞추는 것, 그리고 다른 사람과 상호작용 하는 것을 이해하고 이에 대해 편안해지도록 돕는다.

방법

아동은 바닥에 앉아서 자신의 다리를 앞으로 쭉 뻗고 손을 다리 위에 올려놓는다. 치료자는 아동 맞은편에 앉아 손가락을 바닥 위에 놓고 손가락으로 걸어가는 동작을 하면서 아동을 향해 움직인다. 치료자가 아동에게 도착하면, 치료자는 손으로 아동의 다리 위를 걸어가고 그다음 아동의 팔의 맨 위쪽으로 도착할 때까지 계속 손을 움직인다. 아동의 팔의 맨 위에 도착하면, 치료자는 아동의 어깨를 부드럽게 주무른다.

치료자는 게임을 시작하기 전에 아동에게 게임에 대해 설명해야 하고 봉제동물인형이나 또는 치료자 자신의 발과 손 위로 손가락을 움직이는 시범을 보여야 한다. 기어가는 게는 여러 번 반복해서 실시해야 한다. 만약 아동이 원한다면 치료자와 아동은 역할을 바꿀 수 있다.

이론적 근거

기어가는 게는 아동에게 집중하기와 눈맞추기와 같은 관계 맺기와 관계 증진을 익히는 데 도움이 된다. 부모에게는 가정에서 자녀와 함께 정기적으로 이 개입을 하도록 가르쳐야 한다. 부모는 또한 이 개입을 다른 관계 맺기 개입과 결합할 수도 있고 아동과 놀이를 할 때 다른 가족들도 함께 참여시킬 수 있다.

다른 접촉 기법을 사용할 때와 마찬가지로, 치료자와 부모는 아동이 신체 접촉에 대해 편안함을 느끼는 한계선이나 감각적으로 예민하게 느끼는 아동의 한계선에 대해 인식하고 이해하도록 노력해야 한다. 접촉이 이루어지는 개입이라면 어떤 것이라도 시작하기 전에, 치료자는 www.a4pt.org에서 이용 가능한 놀이치료협회의 '접촉에 대한 보고서(Paper on Touch)'를 참조해야 한다.

기어가는 게

목표 영역	관계 맺기(관계 발달)
수준	아동과 청소년
재료	몇 개의 안경/선글라스, 거울
형식	개인, 가족, 집단

소개

우스꽝스러운 안경 개입은 아동이 자신과 다른 사람을 의식하고 주의를 기울이는 데 도움을 주는 재미있는 기법이다. 아동을 위한 상호적인 구성요소가 있어서 참여와 다른 사람과의 관계 맺기를 촉진한다. 이 기법을 통해 공동 관심 기법 또한 발달할 수 있다.

방법

치료자는 아동에게 다양한 안경 몇 개를 가지고 함께 게임할 것이라고 설명한다. 치료자는 몇 개의 다양한 안경과 선글라스를 보여주고 아동에게 고르게 한다. 선글라스가 더 많을수록 더 다양할수록 이 개입을 계속 할 수 있고 아동에게 더 재미있는 개입이 될 수 있다.

치료자는 아동에게 차례대로 선글라스를 골라서 다른 사람에게 씌어 줄 것이라고 설명한다(여기서 중요한 것은 각 사람이 선글라스를 선택한 다음에 그 선글라스를 다른 사람에게 씌어 준다는 것이다). 일단 선글라스를 쓰고 난 다음에, 치료자와 아동은 선글라스를 쓰고 있는 자신의 모습을 보기 위해 거울을 본다. 치료자와 아동이 다양한 선글라스를 써보면서 이 과정을 여러 번 반복할 수 있다.

이론적 근거

이 기법은 아동이 특히 다른 사람을 의식하고 다른 사람과 상호작용하는 것에 관해서, 관계 맺기와 관계 증진을 익히도록 돕는다. 아동은 이 개입을 통해 눈맞춤 또한 향상된다. 치료자는 다른 스타일과 형태의 안경, 선글라스, 그리고 우스꽝스러운 장난감 안경들을 모아야 한다.

부모에게는 자녀와 함께 가정에서 정기적으로 이 개입을 하도록 지도해야 한다. 부모는 자녀와 이 개입으로 놀이를 할 때 다른 가족들을 참여시켜야 한다. 부모는 사용가능한 다양한 형태의 안경을 모으거나 가지고 있어야 할 것이다. 선글라스를 수집하기 위한 방법으로 가격이 저렴한 벼룩시장이나 알뜰 시장을 제안할 수 있다.

우스꽝스러운 안경

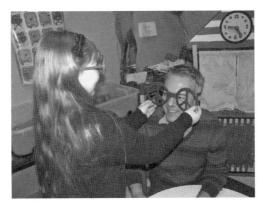

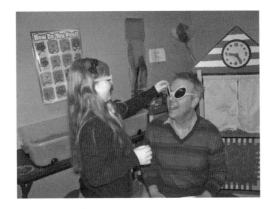

손, 손, 손

목표 영역	관계 맺기(관계 발달)
수준	아동과 청소년
재료	종이, 연필
형식	개인, 가족, 집단

소개

ASD 아동과 청소년은 종종 신체 접촉에 대해 불편함을 느끼거나 자신없어 한다. 이 개입에서는 놀이 형태로 제시되는 다양한 신체 접촉 활동을 통해 ASD 아동이 참여할 수 있는 간단하고 재미있는 방법을 제공한다. 치료자는 한 가지, 두 가지, 또는 여러 가지 손 활동에 아동을 참여시킬 수 있다. 이 개입은 아동의 편안함 수준에 맞춰 쉽게 수정될 수 있다.

방법

치료자는 아동에게 손을 연결하는 몇 가지 게임을 함께 할 것이라고 설명한다. 치료자는 아동에게 종이 위에 손을 대고 외곽선을 그리라고 이야기한다. 그다음 치료자는 다른 사람과 함께 손을 사용해서 할 수 있다고 생각하는 모든 긍정적인 일을 손 그림에 써보라고 이야기한다(몇 가지 아이디어를 여기에 제시하였다). 그다음 치료자와 아동은 리스트에 있는 모든 일을 하거나 또는 해보는 척한다. 또한 치료자는 어떻게 다른 사람과의 연결이 긍정적일 수 있고 기분 좋을 수 있는지에 대해 아동과 토론한다.

이론적 근거

이 기법은 아동과 청소년이 관계 맺기와 관계 발달을 익힐 수 있도록 돕는다. 아동은 신체 접촉 게임을 통해 다른 사람과 관계를 맺을 수 있는 몇 가지 긍정적인 방법(아동에게 재미있고 기분이 좋은)을 배운다. 이 개입을 하는 동안, 치료자는 다른 사람과의 상호작용이 어떻게 기분 좋을 수 있고 긍정적인 경험이 될 수 있는지 그리고 다른 아동들과 노는 것이 즐거울 수 있는지에 대해 아동과 논의해야 한다.

부모에게 이 개입을 자녀와 집에서 정기적으로 하도록 지도해야 한다. 부모는 손으로 하는 몇 가지 긍정적인 일들을 생각하는 데 도움이 필요할 것이다. 그러므로 치료자는 부모에게 예시 목록을 제공해야 한다.

손, 손, 손

예시 활동

* 엄지손가락 씨름하기
* 하이 파이브
* 등을 토닥이기
* 손 마사지
* 머리 마사지
* 귀 마사지
* 어깨 마사지
* 패티 케이크(역주 : 동요를
  부르면서 하는 아이들의
  놀이)

* 손 잡기
* 특별한 악수 만들기
* 손 쌓기 게임
* 손가락 꼬기
* 손에 로션 바르기
* 손금 보는 척하기
* 다른 사람의 등에 손가락으
  로 그림그리기

* 간지럽히기
* 팔씨름
* 손톱 칠하기
* 손 씻기
* 포옹하기
* 손바닥 누르기
* 손가락 맞대기
* 춤추기

- 손가락으로 페이스 페인팅하기
- 손가락 누르기
- 손뼉 치기(손잡기) 게임
- 주먹 쥐고 위로 올리기(Fist pump)
- 악수하기
- 새끼손가락 걸고 맹세하기
- Ring around the Rosy 게임(역주 : 원을 그리며 노래 부르고 춤추다가 신호에 따라 웅크려 앉는 놀이)
- 런던브릿지 게임(역주 : 전통적인 영어 동요 및 노래 게임)

조각하기

목표 영역	관계 맺기(관계 발달)
수준	아동과 청소년
재료	없음
형식	개인, 가족, 집단

소개

조각하기 기법은 아동이 치료자에게 주의를 기울이고 치료자를 인지하는 방법을 통해 아동과 치료자가 함께 관계를 맺도록 한다. 또한 이 기법에는 아동과 치료자 간의 관계 형성을 돕는 신체적 구성요소가 통합되어 있다. 아동은 재미있는 활동을 하는 동안 다른 사람과의 신체 접촉과 상호작용에 더 편안해질 수 있다.

방법

치료자는 아동에게 차례로 서로를 조각하게 될 것이라고 알려준다. 치료자가 먼저 아동을 어떤 조각으로 만들기 위해 치료자가 원하는 위치로 아동을 움직인다. 치료자는 단순히 말로 지시를 내리는 것이 아니라, 아동의 팔, 다리, 등을 만지고 자세를 바꾸어서 신체적으로 아동의 자세를 바꾸어야 한다. 일단 아동이 조각으로 만들어지면, 아동은 자신이 무슨 조각이 되었는지 추측해야 한다.

그다음 치료자와 아동도 역할을 바꾸고, 아동은 치료자를 조각으로 만든다. 이 개입은 아동과 치료자가 서로를 몇 개의 다른 조각 작품으로 만들면서 여러 번 반복될 수 있다.

이론적 근거

이 기법은 아동과 청소년이 특히 다른 사람과 상호작용하고 신체 접촉을 하면서, 관계 맺기와 관계 발달을 익히도록 돕는다. 이 개입은 여러 번 반복해야 하는데, 치료자와 아동은 차례로 각자 서로를 조각으로 만든다. 여기서 중요한 것은 신체적으로 다른 사람의 자세를 바꾸어 조각으로 만들 때, 그 사람에게 단지 말로만 지시를 주는 것이 아니라 신체 접촉을 해야 한다는 것이다.

치료자는 아동이 신체 접촉 수준에 대해 편안함을 느끼는지 확인해야 한다. 부모에게 이 개입 방법을 지도하여 가정에서 자녀와 함께 정기적으로 놀이하게 할 수 있고, 온 가족이 함께 놀이할 수도 있다.

조각하기

알루미늄으로 감싸기

목표 영역	관계 맺기(관계 발달)
수준	아동
재료들	알루미늄 호일
형식	개인

소개

ASD 아동은 다른 사람과 관계를 맺을 때 감각적인 문제에서 어려움을 겪는
다. 이 개입을 통해 감각을 처리하고 다른 사람과 함께 있고 관계를 맺을 수
있게 된다. 또한 이 개입은 관계 증진에 도움이 되는 상호적인 요소를 제공
한다.

방법

치료자는 아동에게 아동 몸의 한 부위를 알루미늄 호일로 감을 것이라고 설
명한다. 치료자는 시작하면서 아동의 한 손을 알루미늄 호일로 감고 가볍게
눌러 손 형태를 만든다. 그다음 치료자는 아동의 손에서 알루미늄 호일을 빼
내고 아동의 다른 손을 감는다. 치료자는 알루미늄 호일을 아동의 발, 귀, 손
가락, 가능하다면 그 어떤 것이라도 감을 수 있지만, 한 번에 한 부위만 감아
야 한다. 치료자는 각 신체 부위를 감을 때 아동의 반응을 살펴야 하고 아동
에게 민감해야 한다.

치료자는 아동에게 몸의 한 부위를 알루미늄 호일로 감을 때 느낌이 어떤
지 물어야 한다. 치료자는 역할을 바꾸어서 아동에게 치료자의 손과 발을 알
루미늄 호일로 감게 해야 한다. 일단 치료자와 아동이 각자 서로에게 알루미
늄 호일을 다 감고 나면, 그 알루미늄 호일은 모자 또는 팔찌와 같이, 다른
사람이 착용할 수 있는 것을 만들 때 사용해야 한다.

이론적 근거

이 기법은 아동이 관계 맺기와 관계 증진을 익히도록 돕는다. 이것은 또한 촉각과 접촉 문제들과 신체적인 압력에 대해서도 다룬다. 이 개입은 여러 회기 동안 반복할 수 있다. 또한 부모에게 이 기법을 가정에서 자녀와 주기적으로 하도록 지도할 수 있다. 아동에게 역할을 바꾸게 하여 호일로 감기는 것과 호일로 감는 것 두 가지 모두 해 보게 하는 것이 중요하다. 아동이 다른 역할보다 한 가지 역할을 더 선호할 수 있으므로, 아동이 역할을 바꾸는 데 시간이 걸릴 수도 있다.

알루미늄으로 감싸기

실루엣

목표 영역	관계 맺기(관계 발달)
수준	아동과 청소년
재료	흰색 종이, 연필
형식	개인

소개

이 개입은 치료자에게는 아동과 관계 맺는 기회를 제공하고 아동에게는 치료자에게 주의를 기울이고 반응하는 기회와 관계 맺는 것을 시각적으로 표현하는 기회를 제공한다. 실루엣 기법은 아동의 편안함을 느끼는 수준과 기능 수준에 따라 단순하게 할 수도 있고 더 복잡하게 할 수도 있다.

방법

치료자는 아동에게 종이와 연필을 사용해서 함께 다양한 신체 부위를 따라 그림을 그릴 것이라고 설명한다. 치료자는 흰색 종이 위에 아동을 옆으로 눕게 한다. 치료자는 아동의 머리를 따라 윤곽선을 그린다. 그다음 아동은 머리 그림에 자신의 이목구비를 그린다. 그다음 아동은 흰색 종이 위에 옆으로 누워 있는 치료자의 머리를 따라 윤곽선을 그린다.

그다음 치료자와 아동은 서로의 손을 따라 그리고 마지막으로 발을 따라 그린다(이렇게 하는 것이 가능하고 치료자와 아동 모두 발을 따라 그리는 것이 편안하다면). 아동은 본을 떠놓은 손과 발에 색을 칠하고 꾸밀 수 있다. 만약 치료자가 큰 종이를 가지고 있다면, 아동은 그 종이 위에 누워서 자신의 온몸을 따라 본을 뜨게 할 수도 있다. 치료자는 아동과 순서를 바꾸고 아동에게 치료자의 몸을 따라 그리게 해야 한다. 만약 아동이 하기 싫어한다면, 치료자는 그냥 아동의 몸을 따라 그려야 한다. 청소년의 경우, 치료자는 이 개입을 시작하기 전에 본을 따라 그림을 그릴 때 편안한 신체 부위가 어디

인지에 대해 이야기를 나누어야 한다.

이론적 근거

이 기법은 아동과 청소년이 관계 맺기와 관계 증진을 익히도록 돕는다. 치료자는 아동이 치료자와 서로의 머리, 손, 그리고 발을 흰색 종이에 따라 그리게 된다는 것을 이해할 수 있도록 아동에게 이 개입을 안내해야 한다. 치료자는 시작하기 전에 아동과 청소년 모두가 이 개입을 편안하게 느낀다는 점을 보장할 수 있어야 한다. 부모에게는 가정에서 자녀와 함께 이 개입을 규칙적으로 하도록 지도할 수 있다.

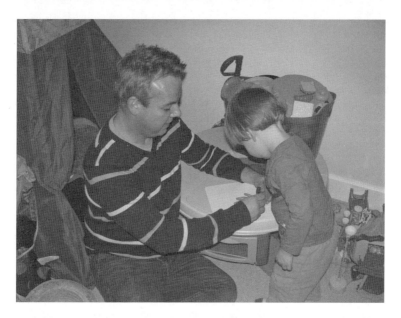

가족 돌기

목표 영역	관계 맺기(관계 발달)
수준	아동과 청소년
재료들	없음
형식	개인, 가족, 집단

소개

이 개입은 전형적인 가족 놀이 활동이다. 이 개입은 단지 치료자와 아동으로만 실시할 수도 있지만 가족이나 집단에서 할 때 좀 더 잘 이루어진다. 이 개입에서는 관계 맺기와 관계 발달을 돕는 재미있는 게임을 하는데, 이를 통해 가족들은 ASD 아동 또는 청소년과 관계를 맺고 함께 할 수 있는 기회를 얻게 된다.

방법

치료자는 가족에게 원을 만든 후 모든 가족이 원 안쪽을 보고 선 다음 서로 손을 잡으라고 지시한다. 각 사람들은 모두 옆에 있는 사람과 손을 잡아서 모든 가족들이 연결되게 한다. 치료자는 그다음 가족에게 오른쪽으로 천천히 돌라고 지시한다. 한 바퀴를 돌고 난 다음, 치료자는 속도를 올려라, 느린 동작으로 걸어라, 왼쪽으로 돌기 시작해라, 멈춰라, 점프해라, 오른쪽으로 두 발로 뛰어라 등과 같이 가족들이 할 수 있는 다양한 지시를 중간에 불쑥 할 것이다. 치료자는 아동과 일대일로 이 게임을 할 수도 있고, 치료자와 아동이 차례로 지시를 내리는 사람이 될 수 있다. 만약 가족이 집에서 이 게임을 한다면, 한 사람을 정해서 가족에게 어떻게 돌 것인지 지시를 내리게 할 수 있다. 가족의 각 구성원은 차례로 이 역할을 할 수 있다.

이론적 근거

이 기법은 아동과 청소년이 특별히 눈 맞춤을 하고, 다른 사람에게 맞추고, 신체 접촉을 하는 것을 통해, 관계 맺기와 관계 발달을 익히도록 돕는다. 이 게임은 가족 개입이므로 부모 1명과 아동 1명 또는 많은 가족들과도 할 수 있다. 이것은 집단 형태로 실시될 수도 있다. 최소 2명이 있다면 인원수는 중요하지 않다. 가족이 가정에서 이 게임을 할 때, 한 사람이 원 밖에 있으면서 지시를 내리는 것이 좋다. 만약 이렇게 할 사람이 없다면, 그때는 부모가 아동과 놀이를 하면서 중간에 불쑥 지시를 내려야 한다.

가족 돌기

우리의 특별한 인사

목표 영역	관계 맺기(관계 발달)
수준	아동과 청소년
재료	없음
형식	개인, 가족, 집단

소개

ASD와 발달장애를 가진 아동과 청소년은 종종 다른 사람과 인사하는 것에 어려움을 겪는다. 이 개입을 통해 치료사는 아동 또는 청소년과 독특한 인사법을 만들 수 있는데, 이 인사에는 많은 요소들이 포함될 수 있지만 약간의 신체 접촉이 포함되어야 한다. 이 개입은 관계 맺는 능력뿐 아니라 사회성 기술 증진에 도움이 된다.

방법

치료자는 아동에게 만날 때마다 서로에게 할 수 있는 특별한 인사법을 함께 만들 것이라고 설명한다. 인사법을 만들 때 손, 제스처, 그리고 단어를 모두 사용할 수 있다. 아동이 상담하기 위해 올 때마다 치료자와 아동은 자신들의 특별한 인사법을 사용할 수 있다. 또한 치료자와 아동은 각 회기가 끝날 때 작별 인사도 특별한 방법으로 만들 수 있다.

　만남 인사와 작별 인사에는 몇 가지 형태의 신체 접촉이 포함되어야 한다. 치료자는 아동이 스스로 만남 인사와 작별 인사를 생각하도록 해야 한다. 치료자는 필요한 만큼 아동을 도와야 한다. 일단 치료자와 아동이 특별한 만남 인사와 작별 인사를 만들면, 치료자와 아동은 만남과 작별 인사를 여러 번 연습해야 한다.

이론적 근거

이 기법은 아동과 청소년이 신체 접촉을 하고, 다른 사람을 인정하고 다른 사람에게 맞추고, 관계 속에서 특별한 의미를 만들어 가는 영역에서 관계 맺기와 관계 발달을 익힐 수 있도록 돕는다. 일단 특별한 만남 인사와 작별 인사를 만들고 연습하면, 치료자는 자신이 그 인사를 확실히 기억하고 있는지 확인하기 위해 아동을 만나는 다음 시간에, 특별한 만남 인사와 작별 인사로 인사를 할 수 있다.

부모에게는 자녀와 함께 가정에서 이 개입을 하도록 지도할 수 있다. 각 부모와 다른 가족들은 가능하다면 아동과 함께 특별한 만남 인사와 작별 인사 절차를 만들 수 있다. 만남 인사와 작별 인사 절차에는 항상 신체 접촉 요소가 포함되어야 한다.

함께 풍선 치기

목표 영역	관계 맺기(관계 발달)
수준	아동과 청소년
재료	풍선
형식	개인, 가족, 집단

소개

ASD와 발달장애를 가진 아동과 청소년은 종종 다른 사람과 관계를 맺고, 일하고, 협동하는 것을 연습할 필요가 있다. 함께 풍선 치기 기법은 관계 맺기에 대한 작업을 할 때 치료자와 아동에게 재미있고 매력적인 방법을 제공한다. 이 개입에서는 함께 과제를 완수하거나 눈 맞춤 하는 영역에 사회성 기술 발달을 결합시켰다.

방법

치료자는 아동에게 풍선을 가지고 함께 게임을 할 것이라고 설명한다. 치료자는 풍선을 불고 난 다음 아동에게 치료자와 함께 특별한 방법으로 풍선을 치게 될 것이라고 설명한다.

치료자와 아동은 서로 얼굴을 마주보고 선 다음 손을 내밀어 양손을 잡는다. 치료자가 공중에서 풍선을 치면, 치료자와 아동은 풍선이 바닥에 닿지 않게 해야 한다. 치료자와 아동은 시간 내내 손을 잡고 있어야 하고 풍선이 공중에서 떨어지지 않도록 계속 함께 움직여야 한다. 만약 풍선이 바닥으로 떨어지면, 풍선을 집어 들어서 게임을 다시 시작한다. 게임은 여러 번 반복할 수 있다.

이론적 근거

이 게임은 아동과 청소년이 신체를 접촉하고, 협동하고, 다른 사람을 인식하고 맞추는 것을 통해 관계 맺기와 관계 발달을 익히도록 돕는다. 부모에게 자녀와 함께 가정에서 정기적으로 풍선 치기를 하도록 지도할 수 있다. 이 개입은 가족 놀이 활동과 집단 활동으로 할 때 잘 진행된다. 가족 또는 집단에서, 치료자는 짝을 지어 진행할 수도 있고, 모두 손을 잡는 대집단으로도 진행할 수도 있다.

함께 풍선 치기

숨기고 찾기

목표 영역	관계 맺기(관계 발달)
수준	아동과 청소년
재료	색인 카드, 연필
형식	개인

소개

ASD와 발달장애를 가진 아동과 청소년은 종종 관계를 형성하고 다른 사람과 의미 있게 관계를 맺는 것에 어려움을 겪는다. 이 개입에서는 아동 또는 청소년이 관계 맺기 기술을 연습할 수 있도록 몇 가지 기회를 제공한다. 이 개입에는 사회성 기술과 정서 조절 향상 등과 같은 다양한 다른 기술들도 쉽게 결합할 수 있다.

방법

치료자는 아동에게 치료자가 방 안에 숨겨 놓은 물건을 찾는 게임을 함께 할 것이라고 말한다. 치료자는 색인 카드에 다양한 관계 맺기 활동들을 써 놓고 놀이실에 그 색인 카드를 숨겨 놓는다(아동은 치료실 문 밖에서 기다리고 있거나 보지 않게 방 안의 구석에 서 있어야 한다). 일단 치료자가 카드를 숨기고 나면, 그다음 아동은 놀이실로 들어와서 모든 색인 카드를 찾아야 한다.

　아동이 색인 카드 1개를 찾으면, 아동은 치료자와 함께 색인 카드에 써 있는 활동을 해야 한다. 치료자는 대략 5~7개의 색인 카드를 만들어야 한다. 관계 맺기 활동들은 짧고 단순해야 한다. 몇 가지 예를 들어 보면, 악수하기, 눈 맞추기, 포옹하기, 하이파이브 두 번 하기, 등 토닥이기, 엄지손가락 씨름하기 등과 같은 활동이 여기에 해당된다.

이론적 근거

이 기법은 아동과 청소년이 다양한 방법(여기에 몇 가지 예를 제시하였다)을 통해 관계 맺기와 관계 발달을 익히도록 돕는다. 치료자는 관계 맺기와 관련된 활동이라면 어떤 것도 색인 카드에 쓸 수 있다. 또한 치료자는 사회성 기술과 정서 조절을 향상시킬 수 있는 활동들을 포함시킬 수 있다. 부모에게는 이 개입을 가정에서 하도록 가르쳐야 한다. 부모들은 색인 카드에 쓸 수 있는 관계 맺기 활동에 대한 아이디어를 얻기 원할 것이다. 부모는 색인 카드를 여러 장 준비해야 하는데 대략 7장 정도의 카드를 사용하여 놀이할 수 있다. 그들은 이 개입으로 여러 번 놀이를 할 수 있고, 놀이를 할 때마다 색인 카드에 새로운 관계 맺기 활동을 만들어 적을 수 있다.

숨기고 찾기

활동의 예시

악수하기

10초 동안 눈 맞춤 하기

포옹하기

하이파이브 두 번 하기

등 토닥이기

엄지손가락 씨름하기

눈싸움하기

패티 케익 놀이하기

손 쌓기 게임하기

서로의 손에 로션 발라 주기

함께 그림 그리기

주먹 불끈 쥐기

서로에게 사탕 먹여 주기

손을 잡고 함께 방안 걷기

손 또는 등 마사지해 주기

쳐다보고 표정 짓기

페이스 페인팅하기

함께 춤추기

모래 속에 서로의 손 숨기기

스퀴글 그림 선물하기

목표 영역	관계 맺기(관계 발달)
수준	아동과 청소년
재료	흰색 종이, 연필
형식	개인, 가족, 집단

소개

ASD 아동과 청소년은 자신의 삶 속에서 중요한 사람과 관계를 맺고 있다는 느낌을 갖고 싶어 하지만 대부분 관계 맺기를 보여 줄 능력이 부족하다. 이 개입은 다른 사람과 관계를 맺는 기회를 제공하고, 강력한 시각적 요소들을 만들어서 관계 맺기에 대한 학습과 기억을 강화시키는 데 도움을 준다. 이것은 아동이 생각하고 있는 사람을 보여주는 기회와 의미 있는 방법으로 그들을 인식하는 기회를 제공한다. 이 개입은 Donald Winnicott의 스퀴클 기법 (Squiggle Technique)에서 각색한 것이다(Berger, 1980).

방법

치료자는 아동에게 함께 그리기 활동을 할 것이라고 설명한다. 치료자와 아동은 각각 흰색 종이와 연필을 가지고 온다. 치료자가 '시작'이라고 말하면, 치료자와 아동은 모두 종이 하나 가득 난화를 그리기 시작한다. 약 10초 동안 그리고 난 후, 치료자는 '그만'이라고 말한다. 치료자와 아동은 종이를 교환하고, 상대방이 그린 그림에다 그림을 그려서 다른 사람에게 선물로 돌려준다.

치료자와 아동이 그림을 다 그린 후에, 상대방을 위해 무엇을 그렸는지 서로 이야기하고 난 다음 그 그림을 상대방에게 선물로 준다. 치료자와 아동은 그림을 함께 그렸다는 것을 보여주기 위해, 각 그림에 모두 사인을 해야 한다. 그다음 치료자와 아동은 다른 스퀴글 그림 선물하기를 완성할 수 있다.

이 놀이를 하는 데 있어서 정해진 횟수는 없다.

이론적 근거

이 기법은 아동과 청소년이 다른 사람을 위해 어떤 그림을 그릴 것인지 생각하는 것을 통해 관계 맺기와 관계 발달을 익히도록 돕는다. 이것은 또한 아동이 협력해서 무엇인가 만들 수 있고 다른 사람에게 선물하는 것을 연습하는 기회를 제공한다. 치료자와 아동은 스퀴글 그림 그리기 개입을 여러 번 반복할 수 있다. 부모에게는 가정에서 이 개입을 하는 방법을 가르쳐야 하고 정기적으로 자녀와 함께 이 놀이를 하도록 지도해야 한다. 또한 이 개입은 집단에서 더 잘 진행되는데 이때 각 참여자들은 짝 또는 집단원들에게 그림을 돌리면서 여러 장의 그림을 그릴 수 있다.

스퀴글 그림 선물하기

(아동이 치료자에게 주기 위해 난화를 용으로 바꾸었다.)

(아동은 치료자에게 주기 위해 난화를 항해 여행으로 바꾸었다.)

내 측정값

목표 영역	관계 맺기(관계 발달)
수준	아동
재료	측정 테이프
형식	개인

소개

ASD 아동은 종종 관계 기술에서 더 편안해지고 자신감을 갖기 위해 관계 맺기 활동을 할 필요가 있다. 이 개입은 관계 맺기를 촉진시킬 수 있는 재미있는 방법이다. 치료자는 1~2개만 측정하면서, 이 개입을 단순한 것으로 조정할 수도 있고, 또는 몇 개씩 측정하면서 좀 더 복잡한 것으로 조정할 수도 있다. 아동의 기능 수준, 편안함 수준, 그리고 발달 수준에 맞춰 조정해야 한다.

방법

치료자는 자신이 아동을 대상으로 몇 가지 측정을 할 것이라고 설명한다. 시작하기 전에 치료자는 아동에게 "나는 너의 팔 길이를 잴 거야."와 같은 예시를 주어야 한다. 그다음 치료자는 자신의 팔을 재는 것을 보여주어야 한다.

치료자는 아동을 다양하게 측정하고 종이에 아동에 대한 측정값을 적는다. 치료자는 아동에게 치료자의 수치를 재는 상호적인 과정에 참여하도록 한다. 아동의 다리, 팔, 머리, 발, 손, 키, 귀, 미소, 코, 머리카락 길이, 손가락 등을 잴 수 있다.

이론적 근거

이 개입은 아동이 신체 접촉, 다른 사람에게 긍정적인 관심 받기, 그리고 상호적이고 공동관심 과정에 참여하기 등과 같은 부분에서 관계 맺기와 관계 발달을 익히도록 돕는다. 이 개입을 할 때 옷 또는 유연한 측정 테이프를 사용하는 것이 가장 좋다. 치료자는 아동의 미소 길이와 아동의 손가락 길이와 같은 재미있는 측정을 포함시켜야 한다. 이 개입을 우스꽝스럽고 재미있게 만들면 아동에게 좀 더 매력 있고 편안한 개입이 될 것이다. 부모에게는 가정에서 이 개입을 어떻게 할 것인지 지도해야 하고 가정에서 자녀와 정기적으로 이 놀이를 하도록 권해야 한다. 부모는 측정값을 기록할 수 있고 측정값이 변할 때마다 아동에게 보여줄 수 있다.

내 측정값

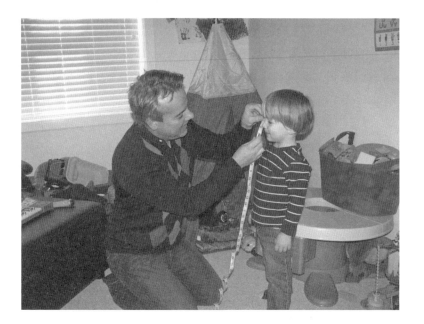

나는 나무, 우리는 가족

목표 영역	관계 맺기(관계 발달)
수준	아동
재료	없음
형식	개인, 가족

소개

이 개입은 가족 또는 집단에서 사용된다. 이 개입은 다른 사람과 관계 맺는 것과 함께 과제를 완수하는 것을 촉진한다. 이 개입에는 관계 발달과 사회성 기술 발달 모두가 결합되어 있다.

방법

치료자는 가족에게 모두 함께 짧고 재미난 단막극(skit)을 만들어서 치료자 앞에서 공연할 것이라고 설명한다. 치료자는 방 안에 단막극이 공연될 공연 장소를 만들어야 한다. 가족은 단막극을 이끌면서 나무가 될 사람을 한 명 선택해야 한다. 나무가 먼저 공연 장소로 가서, 나무 모양을 만들고, "나는 나무야."라고 말한다. 가족은 두 번째, 세 번째, 그리고 그다음으로 갈 사람을 정해야 한다. 각 사람은 자연스럽게 나무와 연결되는 다른 어떤 것이 될 것이다. 예를 들자면, 풀, 잎, 뿌리, 새, 다람쥐, 과일, 도토리, 이끼 등이 될 수 있다. 예를 들어, 두 번째 사람은 나뭇잎이 될 수 있다. 그 사람은 다음 차례에 공연 장소로 가서, '나무' 사람에게 몸으로 연결(자신이 선택한대로)하고, "나는 나뭇잎이야."라고 말한다. 그다음 세 번째 사람이 간다. 일단 마지막 사람이 가고나면, 그다음 가족은 한 목소리로 "우리는 가족이야."라고 말한다.

가족에게는 단막극을 만드는 데 필요한 만큼 시간을 충분히 주어야 한다(오래 걸리지 않을 것 같지만). 그들은 각 사람들이 갈 순서와 각 사람이 무엇이 될 것인지 정해야 할 것이다. 일단 가족들이 단막극을 다 정하고 나면, 그들은 치료자 앞에서 공연을 할 것이다. 만약 가족이 좋아한다면, 각 가족 원들은 다른 역할을 선택하여 두 번째 단막극으로 공연할 수 있다.

이론적 근거

이 개입은 특히 신체 접촉, 다른 사람에게 맞추기, 한 집단으로 과제를 완수 하기와 같은 부분에서, 아동이 관계 맺기 및 관계 발달과 사회성 기술을 익 히도록 돕는다. 시작하기 전에 치료자는 모든 내용을 설명한 다음 가족들에 게 단막극을 만들 시간을 주어야 한다. 일단 단막극으로 공연을 하면, 치료 자는 가족들에게 박수를 치고 축하해야 한다. 치료자는 처음 공연에서 아동 이 나무가 아니었다면 그 아동을 나무로 하여 다른 단막극을 만들도록 제안 할 수 있다.

신체 비눗방울 골대

목표 영역	관계 맺기(관계 발달)
수준	아동
재료	비눗방울
형식	개인, 가족, 집단

소개

ASD 아동은 비눗방울에 긍정적인 반응을 보이는 경향이 있다. 이 개입은 비눗방울을 사용하는 재미있고 흥미로운 방법으로 관계 맺기와 관계 발달 기술을 촉진한다. 또한 신체 비눗방울 골대 기법에서는 다른 사람을 인지하고 개인 신체 공간에 관한 공간 인식을 인지하는 영역에 사회성 발달을 결합시켰다.

방법

치료자는 아동에게 비눗방울을 불면서 함께 게임할 것이라고 설명한다. 치료자와 아동은 누가 먼저 비눗방울을 불 것인지 정한다. 비눗방울을 불지 않는 사람은 방안 어딘가에 서서 자신의 팔과 손으로 원모양의 골대를 만든다. 비눗방울을 부는 사람은 그 골대로부터 어느 정도 거리를 두고 서야 한다(치료자가 적절한 거리를 정할 수 있다). 비눗방울을 부는 사람은 자신이 만들 수 있는 만큼 많은 비눗방울을 불어서 상대방이 손과 팔로 만든 비눗방울 골대를 통과하게 한다. 여러 개의 비눗방울이 성공적으로 골대를 통과하면, 치료자와 아동은 역할을 바꾼다.

치료자와 아동은 회기의 모든 시간동안 계속 역할을 바꾸면서 이 개입으로 놀이할 수 있다. 누가 골대가 되든지, 게임에 변화를 주기 위해 골대의 위치를 바꿀 수 있다. 몸 앞으로 만든 골대는 머리 위로, 몸 옆으로, 더 크게 또는 더 작게 만들 수 있다.

이론적 근거

이 개입은 특히 다른 사람과 조율하는 부분에서, 아동이 관계 맺기와 관계 발달을 익히도록 돕는다. 또한 이 개입은 공간 및 신체 인식과 공동관심 기술을 익히게 한다. 부모에게는 이 개입을 자녀와 함께 가정에서 실시할 수 있는 방법에 대해 지도해야 하고 다른 가족들도 함께 하도록 권해야 한다.

신체 비눗방울 골대

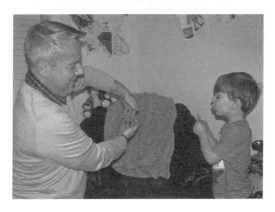

비눗방울 붙이기

목표 영역	관계 맺기(관계 발달)
수준	아동
재료	비눗방울
형식	개인, 가족, 집단

소개

비눗방울 붙이기 기법은 아동을 위한 재미있고 흥미로운 게임 2개가 결합되어 있다 ― 비눗방울 불기와 붙이기. 이 개입에서는 사회적인 또래 놀이 기술과 같은 관계 맺기와 관계 발달 기술들을 다루고 있다. 비눗방울 붙이기는 개별 개입에서 보다 효과가 있지만 가족 또는 집단에서도 할 수 있는 놀이이다.

방법

치료자는 아동에게 비눗방울을 사용해서 함께 게임하게 될 것이라고 설명한다. 치료자와 아동은 비눗방울을 먼저 불 사람을 정한다. 그 사람이 비눗방울을 불 것이고 상대방에게는 비눗방울을 붙인다(닿게 한다). 그 상대방은 방 주위를 돌아다니면서 어떤 비눗방울도 닿지 않도록 피해 다녀야 한다. 일단 그 사람에게 비눗방울이 닿으면, 두 사람은 역할을 바꾼다. 치료자가 게임을 끝낼 때까지 교대로 각자 상대방에게 비눗방울을 붙인다. 게임은 상대방에게 붙는 비눗방울 숫자를 정하고 연장할 수 있다. 예를 들어, 두 사람이 역할을 바꾸려면 상대방에게 비눗방울 10개가 닿아야 한다고 정한다.

　이 개입은 놀이실이나 공간이 약간 좁은 방에서 실시되어야 한다. 바깥에서 실시해서는 안 된다. 밖이나 또는 큰 공간에서 놀이를 하면 비눗방울 부는 사람이 비눗방울로 상대방을 잡는 것이 매우 어려워진다.

이론적 근거

이 개입은 아동이 사회적 또래 놀이와 집단 놀이뿐만 아니라 관계 맺기와 관계 발달을 익힐 수 있도록 돕는다. 아동은 비눗방울 부는 사람처럼 한 가지 역할만을 하고 싶어 할 수도 있지만, 각 역할은 다른 기술영역을 다루고 있으므로 치료자는 아동을 격려하여 역할을 바꾸게 해야 한다. 부모들에게 가정에서 이 개입을 하도록 지도해야 하고 자녀와 함께 이 놀이를 하도록 권할 수 있다. 가족 전체가 참여할 수 있는데 한 명이 비눗방울을 불면서 놀 수 있고 또는 여러 명이 함께 비눗방울을 불면서 나머지 가족들에게 비눗방울을 붙일 수도 있다.

비눗방울 붙이기

꽃, 비, 그리고 태양

목표 영역	관계 맺기(관계 발달)
수준	아동
재료	없음
형식	개인

소개

ASD 아동들은 종종 다른 사람에게 맞추고 함께 놀이하는 것에 어려움을 겪는다. 이 개입은 다른 사람과 공동으로 주의집중하고 놀이하는 기술뿐만 아니라 관계 맺기와 관계 증진을 촉진한다. 또한 꽃, 비, 그리고 태양 기법은 신체 접촉과 감각처리과정에서 편안함이 증가하도록 촉진한다. 이 개입은 아동과 빠르게, 쉽게, 그리고 재미있게 할 수 있다.

방법

치료자는 아동에게 함께 신체 접촉을 하는 게임을 할 것이라고 설명한다. 치료자는 아동과 개입을 시작하기 전에 봉제 인형에 시범을 보일 수 있는데 이를 통해 아동은 발생할 일에 대해 준비할 수 있다. 치료자는 시작하면서 주먹을 쥐고 아동에게 이 주먹은 자라고 싶어 하는 꽃이라고 말한다. 꽃에는 태양이 필요하고 물을 주어야 한다. 아동은 꽃에 물과 태양을 제공하는 척해야 한다. 그다음 치료자는 천천히 자신의 주먹을 펴고 꽃이 피어나는 것처럼 손가락을 쫙 편다. 치료자는 아동에게 꽃의 향기를 맡을 수 있고, 꽃을 만지거나 느낄 수 있고, 또는 꽃에서 꽃잎을 따는 흉내를 낼 수 있다고 말한다. 그다음 치료자는 꽃을 꺾는 것처럼 행동하고 아동이 꽃을 만지거나 향기를 맡을 때, 천천히 아동의 손가락이나 코 가까이로 자신의 손을 가져다 놓는다.

치료자와 아동은 새로운 꽃들을 피어나게 하면서 여러 번 이 개입으로 놀이할 수 있다. 또한 치료자와 아동은 역할을 바꿀 수 있고, 아동이 꽃을 만드는 것처럼 행동할 수 있다. 치료자는 놀이를 시작하기 전에 아동에게 게임에 대해 설명하여 아동이 치료자가 꽃을 꺾는 것처럼 행동할 때 놀라지 않게 해야 한다. 만약 아동이 이런 행동에 불편감을 느낀다면, 이것은 개입에서 제외될 수 있다.

이론적 근거

이 개입은 아동이 특히 다른 사람에게 맞추고, 상호적인 활동에 참여하고, 신체적 근접성과 접촉에 편안해지는 것과 관련하여, 관계 맺기와 관계 발달을 익히도록 돕는다. 부모에게는 자녀와 함께 이 개입으로 놀이하도록 지도해야 한다. 이 개입은 다른 몇 가지 관계 맺기 개입들과 함께 실시할 수 있는데, 이는 대부분의 관계 맺기 개입들은 완료하는 데 많은 시간이 필요하지 않기 때문이다.

안녕 친구

목표 영역	관계 맺기(관계 발달)
수준	아동
재료	없음
형식	가족, 집단

소개

이 개입은 가족 또는 집단에서 사용할 수 있다. 안녕 친구 기법은 자폐 증상을 가지고 있고 특별한 도움이 필요한 아동을 위해 요가에서의 인사법인 '나마스떼'를 변형한 것이다. 이 개입은 눈 맞춤, 지시 따르기, 그리고 집단에 참여하기뿐만 아니라 접촉과 관계 발달을 증진시킨다. 이 개입은 Louise Goldberg의 창조적 이완(Creative Relation)(Goldberg, 2013)을 각색한 것이다.

방법

치료자는 가족 또는 집단원들에게 서로 특별한 인사를 할 것인데 독특한 형태로 하게 될 것이라고 설명한다. 가족 또는 집단은 안쪽 원과 바깥쪽 원으로 2개의 원을 만들 것이다. 바깥 원에 있는 사람들은 안쪽 원에 있는 사람들과 마주보게 될 것이고, 반대로 안쪽 원에 있는 사람들도 바깥 원에 있는 사람들과 마주보게 될 것이다. 각 사람들은 자신의 앞에 서 있는 사람의 손을 잡을 것인데, 즉 안쪽 원에 있는 사람들은 손을 앞으로 뻗어서 바깥 원에 있는 사람과 손을 잡게 될 것이다.

일단 모든 사람들이 다른 사람의 손을 잡으면, 각 사람은 '세 마리의 눈 먼 쥐(Three Blind Mice)'의 곡조에 맞춰 "안녕 친구"라고 3번씩 말하면서 다른 사람에게 인사할 것이다. 일단 "안녕 친구"라고 3번 말하고 나면, 바깥 원은 오른쪽으로 움직이고, 그러면 각 사람은 새로운 사람과 마주보게 된다. 그들은 다시 손을 잡고 '세 마리의 눈 먼 쥐'의 곡조에 맞춰 "안녕 친구"라고 3번 말한다. 이것은 바깥 원에 있는 사람들이 처음 만났던 사람과 다시 만날 때까지 계속된다.

이론적 근거

이 개입은 아동이 특히 신체적 접촉, 다른 사람들에게 맞추기, 과제를 완수하기 위해 집단으로 작업하기, 다른 사람에게 인사하기, 그리고 집단의 또래와 놀이하는 기술 등의 영역에서 사회성 기술뿐만 아니라 관계 맺기와 관계 증진을 익히도록 돕는다. 이 개입은 더 많은 사람들과 함께 할 때 가장 효과적인데, 일반적으로는 집단 또는 가족구성원들이 최소 5명은 되도록 권한다. 치료자들은 www.yogaforspecialneeds.com에서 Louise Goldberg의 작업에 대해 더 많이 학습할 수 있다.

부록 : 추가 자료

저자의 노트 : 이 장에는 다양한 평가 도구, 형식, 그리고 유용한 기록지가 있고, www.autplaytherapy.com/resources에서 영문으로 된 양식들을 프린트 가능한 형식으로 다운로드할 수 있다.

감정 목록

수용받은	두려운	애정이 넘치는	충성스러운
화난	비참한	불안한	오해의 소지가 있는
평화로운	아름다운	재미있는	부끄러운
용감한	어색한	평온한	자랑스러운
유능한	조용한	지루한	압도된
배려하는	이완된	혼란스러운	쾌활한
안도하는	패배한	편안한	안전한
능력 있는	만족한	염려스러운	매우 화난
우울한	억압된	자신 있는	화나게 하는
만족하는	절망적인	유감스러운	용기 있는
바보 같은	외로운	거절된	호기심 있는
특별한	실망한	후회하는	강한
낙담한	혐오스러운	슬픈	동정하는
흥분한	당황한	수줍은	용서하는

감사한	미안한	친절한	오싹한
두려운	완고한	긴장되는	어리석은
기쁜	동의된	좌절된	좋은
독특한	격렬한	피곤한	고마운
귀중한	죄책감이 드는	신경질적인	대단한
미워하는	행복한	무기력한	희망적인
훌륭한	희망이 없는	유머러스한	가치 있는
매력 없는	즐거운	불확실한	사랑스러운
모욕적인	불편한	사랑받는	상처입은
무시하는	참을성 없는	우유부단한	열등한
불안정한	짜증난	질투하는	걱정되는

사회성 기술 체크리스트

이름 _____ 날짜 _____

☐ 듣기	☐ 질문하기
☐ 대화 시작하기	☐ 웃기
☐ 대화 끝내기	☐ "고맙습니다"라고 말하기
☐ 자기 소개하기	☐ 눈맞춤 하기
☐ 다른 사람 소개하기	☐ 기본적인 경계
☐ 도움 요청하기	☐ 지시 따르기
☐ 사과하기	☐ 허락 요구하기
☐ 공유하기	☐ 집단에 참여하기
☐ 다른 사람 돕기	☐ 차례대로 하기
☐ 적절한 신체 언어	☐ 적절한 목소리 톤
☐ 개인 공간 이해하기	☐ 양방향 대화하기
☐ 친구를 만들고 유지하기	☐ 공적 경계
☐ 상실을 다루기	☐ 승리 다루기
☐ 지시 주기	☐ 다른 사람 설득하기
☐ 협상하기	☐ 자기 통제 사용하기
☐ 괴롭힘 다루기	☐ 칭찬하기
☐ 결과 수용하기	☐ 의견충돌 관리하기
☐ 문제 상황 인식하기	☐ 유머 이해하기
☐ 도움 없이 과제 수행하기	☐ 과제 시작하기
☐ 다재다능한 놀이 기술들	☐ 문제 해결하기
☐ 유연함	☐ 경계 늘리기
☐ 적절하게 정서 표현하기	☐ 정서 인식하기
☐ 다른 사람의 정서 인식하기	☐ 애정 표현하기
☐ 다른 사람에게 관심 표현하기	☐ 불안 다루기
☐ 정서/상황의 적절성	☐ 동정 보이기
☐ 분노와 관련된 감정 다루기	☐ 싸움 피하기
☐ 비난을 다루기	☐ 다른 사람을 옹호하기
☐ 자기 이완 기법	☐ '아니요' 수용하기
☐ 그 외 _____	

장난감과 재료 목록

기능적인 장난감

부엌 · 음식 · 접시 · 아기인형 · 인형 집 · 사람모형 · 동물모형 · 자동차, 트럭, 배 · 볼링 세트 · 농구 골대 · 계산기 · 병원놀이 · 공구놀이 · 장난감 전화기 · 장난감 카메라

표현 재료

종이 · 마커와 크레용 · 물감 · 색찰흙 · 화이트보드와 마커 · 스티커 · 구슬 · 리본 · 파이프 클리너 · 색종이 조각 · 폼폼 · 퍼펫 · 옷과 모자 · 미스터 포테이토 헤드 · 레고

감각 장난감

모래상자 · 물 상자 · 문샌드 · 쌀이나 콩 상자 · 눈 모형 · 감각 공 · 고무찰흙 · 탱글(Tangle Toys) · 분필 · 피젯 토이 · 음악 도구들 · 무지개철사(슬링키) · whirly wheel · 쿠시볼 · 자석

뇌 기반 장난감

샌드백 · 훌라후프 · 콩주머니 · 뇌 퍼즐 · 풍선 · 비눗방울 · 고리 던지기 · 루빅스 큐브 · 종이 접기 세트 · 작은 트램폴린 · 워드 서치 · 워드 스크램블 · 숨박꼭질 게임

보드게임

파인드 잇(Find It) · 밥 핏(Bop It) · 젠가(Jenga) · 의자쌓기 게임(Chairs) · 픽업 스틱스(Pick-Up Sticks) · 잭(Jacks) · 배럴 오브 멍키(Barrel of Monkeys) · 애니멀 로직스(Animal Logics) · 블러커스(Blokus) · 러쉬 아우어(Rush Hour) · 트위스터(Twister) · 스팟 잇(Spot It) · 아이 스파이(State I Spy) · 스토리 규브(Story Cubes) · 메모리(Memory) · 치키 붐(Chicky Boom) · 해드 밴드(Head Banz)

놀이기반 개입 기록지

놀이기반 개입	목표 영역(정서, 사회성, 관계맺기)	실시한 날짜	아동/청소년 반응

당신이 개발한 기법 기록지

기법명 : _____

다루는 영역(해당하는 모든 것에 ○표 하세요) : 정서 조절, 사회성 기술, 관계 맺기

그 외 : _____

수준(한 개에만 ○표 하세요) : 아동, 청소년, 둘 다

형식(해당하는 모든 것에 ○표 하세요) : 개인, 가족, 집단

필요한 재료 :

_____

_____

_____

치료자가 "예" 응답으로 다음 질문에 대답할 수 있어야 한다.

이 기법은 지시적인가요?

이 기법은 모호하지 않고 구체적인가요?

이 기법은 아동이 어려움을 겪고 있는 실제 상황/문제를 다루나요?

이 기법은 아동의 치료 목표에 적절한가요?

이 기법은 단순한 것에서 더 복잡한 것으로 조정할 수 있나요?

이 기법은 다른 발달 수준을 고려하나요?

이 기법에서는 소품을 적게 사용하나요?

필요한 경우 치료자가 참여하여 아동을 도울 수 있나요?

이 기법은 설명하기 쉽고, 수행하기 쉬운가요(단계가 너무 많지 않나요)?

이 기법을 집에서 실시하도록 부모에게 가르칠 수 있나요?

기법 설명 :

_____

_____

_____

_____

_____

_____

_____

_____

_____

기법 목표 :

_____

_____

_____

_____

_____

_____

추가 정보 :

_____

_____

_____

_____

자폐와 발달장애들을 위한 앱

Meebie

이 앱은 Meebie 인형과 여러 개의 악세사리 부품을 사용하여 아동과 청소년이 표현의 다양한 정도와 정서를 구별하도록 돕는다. Meebie는 정서 조절 능력을 돕는 강하고 매력적인 시각적 요소를 제공한다.

Touch and Say by Interbots

이 앱은 아동이 색, 숫자, 문자와 같은 다양한 기술들을 배우는 데 도움을 줄 뿐만 아니라 눈 맞춤과 감정 요소도 포함하고 있다. 또한 아동이 말한 것을 흉내내는 말하기 요소가 있다. 이 앱은 시각적으로 매력적이고 상호교류적이다.

Face-Cards

이 앱은 선택할 수 있는 몇 가지 다른 감정을 보여주고, 그 감정을 나타내는 얼굴을 보여준다. 또한 눈 맞춤을 하고 지속하도록 돕는 iGaze 동영상이 있다. 정서 얼굴은 모두 여성이고 좋은 표현들을 제공한다.

Emotions Flash Cards for Kidz

이 앱에서는 여러 감정들을 긍정적, 중립적, 부정적이라는 3개의 범주로 분류하여 제시하였다 ─ 한 감정을 선택하면, 그 감정대로 얼굴 표정이 움직이는 플래시 카드가 나타난다. 이 앱에서 제공하는 정서 플래시 카드 색인은 완벽하다.

Autism Aide: Teach Emotions

이 앱은 행복한, 슬픈, 상처받은, 부끄러운, 화난, 지루한, 그리고 무서운 감정에 초점을 둔다. 한 감정을 선택하면, 그 감정으로 표정을 짓는 몇 개의 다른 얼굴들이 나타난다. 정서 단어를 말하는 것을 녹음하는 옵션과 배경음악을 선택하는 옵션이 있다.

Emotions(말하기와 언어발달을 가르치는 도구)

이 앱은 정서 조절을 돕기 위한 5개의 범주로 구성되어 있다. 1) 정서가 나타난 사진 찾기, 2) 한 사진에 나타난 정서 찾기, 3) 사진으로 구성된 시나리오에서 감정 찾기, 4) 시나리오에 따라 라벨로 사진 찾기, 5) 시나리오에 따라 사진 찾기. 아동에게는 선택할 수 있는 옵션이 주어지는데, 사진들은 정서를 표현하고 있는 실제 사람들에 대한 사진이다. 이 앱을 통해서 매우 시각적이고 다양한 방법으로 정서 조절을 배울 수 있다.

ABA Flash Cards

이 앱에서는 정서를 표현하고 있는 실제 사람들이 나타나는 플래시 카드를 살펴보게 한다. 각 플래시 카드가 나타나면, 그 감정이 무엇인지를 말하는 목소리가 나온다. 사진들은 매우 적절해서, 여러 가지 감정들이 잘 표현되어 있다.

FeelingOmeter

이 앱에서는 온도계 디자인을 사용해서 아동이 다양한 감정과 감정 수준에 대해 배우고 표현하도록 돕는다. 아동은 다양한 감정들을 선택할 수 있고 그 감정에 어울리는 색깔을 고를 수 있다. 감정을 표현하도록 사진을 사용할 수도 있다. 이 앱에서는 여러 요소들을 함께 잘 결합하여 아동이 자신의 정서 조절 능력을 향상시킬 수 있도록 돕는다.

Self-Regulation Training Board by Brad Chapin

이 앱에서는 아동이 어떤 감정, 감정 그 자체, 그리고 아동이 그 감정을 느낄 때 할 수 있는 전략과 일치하는 알림 표시를 찾도록 돕는다. 이 앱은 매우 시각적이고 매력적이다.

Zone of Regulation

이 앱은 철저하게 개발된 앱으로 여러 단계(인기 있는 비디오 게임 디자인을 연상시키는)로 구성되어 있고 아동이 정서 조절 능력을 배우고 발달시키도록 돕는다. 이 앱에는 몇 가지 구성 요소들이 있는데, 각 요소들은 매우 시각적 이며 아동에게 매력적이다.

Stories2Learn

이 앱은 사회적인 이야기를 만드는 것에 초점을 두고 있다. 미리 만들어진 이 야기들이 몇 개 있어서 이를 볼 수 있도록 해놓았다. 미리 만들어진 이야기들 은 편집할 수 있는데, 이를 자신만의 사회적 이야기로 만들 수 있는 옵션이 있다. 이 앱은 잘 설계되어 있어서 사회적 이야기를 만들고 볼 수 있는 기능 을 쉽게 사용할 수 있다.

Language Lab Spin & Speak

이 앱은 보드게임으로 만들어져서 사회성 기술을 익히도록 돕는다. 한 번에 5명 이상의 플레이어가 함께 게임을 할 수 있다. 이 앱에서는 다양한 사회성 기술을 다루며 시각적으로 매력이 있고 재미있다.

Choiceworks

이 앱에서는 정서 조절, 남은 시간을 알리는 타이머 표시하기, 그리고 시각적 시간표 만들기와 같은 작업을 한다. 이 모든 요소들은 잘 제시되어 있고 청 각적인 프롬프트가 있어서 쉽게 따라할 수 있다.

FindMe

이 앱은 아동의 사회성과 주의력/집중 기술을 향상시키기 위해 설계되었다.

방해하는 일들이 발생하여 사진 속에서 목표 인물을 찾는 것이 점점 더 어려워지는 장면이 제시된다.

Kimochis Feeling Frenzty

이것은 아동이 긍정적이고 부정적인 감정을 구분하고 다양한 정서를 식별하도록 돕는 재미있고, 즐겁고, 매력적인 앱이다. 이 앱은 4수준으로 되어 있어서 아동은 쉬운 수준부터 시작할 수 있고 더 어려운 수준으로 올라갈 수 있다.

itouchiLearn Feelings

이 앱에서는 아동이 정서에 대해 배우고 이를 구분하도록 돕는 몇 개의 옵션을 제시한다. 감정 색션에서는 실행되고 있는 감정을 볼 수 있어서 아동에게 그 감정이 무엇인지 찾도록 한다. 게임 색션에는 감정을 찾게 하는 다양한 상호작용 게임이 있고, 음악 섹션에서는 음악을 통해 감정을 표현한다.

Puppet Pals

이 앱에서는 자신만의 퍼펫 쇼를 만들기 위해 쇼를 선택하고 다양한 캐릭터를 선택하는 몇 가지 단계(장면)가 제공된다. 아동은 자신의 목소리로 이야기를 녹화할 수 있고 그다음 그 이야기를 볼 수 있다. 치료자도 특별히 아동을 위해 만든 이야기를 녹화할 수 있고 아동에게 그 이야기를 보게 한다. Puppet Pals II도 있다.

Story Maker

이 앱에서는 아동이 소리와 사진을 사용해서 자신만의 이야기를 만들 수 있다. 몇 장의 사진을 제공해 주는데, 개인 사진을 사용할 수 도 있다. 이 앱에는 옵션이 많아서 사용하기 쉽다. 치료자는 함께 작업을 하는 아동들을 위해 특별히 고안한 이야기를 만들 수도 있다.

CBT4kids

이 앱은 2명의 임상심리학자가 개발하였는데 인지행동치료를 기반으로 한 재미있고, 매력적이고, 교육적인 접근법을 제시하고 있다. 치료자들은 실제 아동들에게 접속해서 그들의 진행 상황을 추적할 수 있다. 여기에는 이완하기와 숨쉬기 게임과 같은 상호적인 도구들이 있다.

Time Timer

이것은 단순하지만 효과적인 앱이다. 1시간을 나타내는 타이머가 표시되어 있다. 사용자는 타이머에 맞추기 원하는 시간을 선택할 수 있고, 시간은 빨간색의 시각적 표시로 카운트다운된다. 이것은 강력한 시각적 보조 자료를 사용해서 자녀가 과제에 집중하고 시간의 양을 이해하도록 돕기 원하는 부모와 치료자에게 매우 유용한 앱이다.

ZoLo

이 앱에서는 다양한 모양과 소리를 제공하는데 아동은 이를 사용해서 재미있고 기발한 디자인과 조각품을 만드는 놀이를 할 수 있다. 이는 매우 창의적이고 감각적인 구성요소로 아주 흥미롭다.

인터넷 자료

놀이기반 치료들

- AutPlay Therapy, www.autplaytherapy.com
- Autism Movement Therapy, www.autismmovementtherapy.com
- The Therapy Institue, www.therapy.org
- Filial Thrapy, www.play-therapy.com
- RePlays. www.drkarenlevine.com
- Floortime, www.stanleygreenspan,com
- The Play Project, www.playproyproject.org
- Creative Relation, www.yogaforspecialneeds.com
- Social Stoies, www.thegraycenter.org
- Do 2 Learn, www.do2learn.com
- Model Me Kids, www.modelmekids.com
- The Social Express, www.thesocialexpree.com
- Liana Lowenstein, www.lianalowenstein.com

장난감들/게임들/물품들

- The Self Esteem Shop, www.selpsteemshop.com
- Child's Work child's Paly, www.childwork.com
- child Therapy Toys, www.childtherapytoys.com
- Play Therapy Supply, www.playtherapysupply.com
- Therapy Shoppe, www.therapyshoppe.com
- Therapro, www.therapro.com
- Fun and Function, www.funandfunction.com
- Fat Brain Toys, www.fatbraintoys.com

기구들과 자료들

- One Play for Special Needs, www.oneplaceforspecialneeds.com
- The Missiouri Autism Report, www.moautismreport.com
- Children with Special Needs, www.childrenwithspecialneeds.com
- Autism Society of America, www.autism-society.org
- National Autism America, www.nationalautismassociation.org
- HollyRod Foundation, www.hollyrod.org
- Association for Science in Autism Treatment, www.asatonline.org
- Families for Earl Autism Treatment, www.feat.org
- Autism Consortium, www.autismconcotium.org
- CHADD, www.chadd.org
- ADDitude, www.additudemag.com
- National Fragile X Foundation, www.fragilex.org
- FRAXA, www.fraxa.org
- National Tourette Syndrome Association, www.tsa-usa.org
- National Down Syndrome Society, www.ndss.org
- Down Syndrome Research Foundation, www.dsrf.org
- Apraxia-KIDS, www.apraxia-kids.org
- NADD, www.thenadd.org
- American Assoc. on intellectual and Developmental Disabilities, www.aaid.org
- The ARC, www.thearc.org
- Association for Play Therapy, www.a4pt.org
- Play Therapy International, www.playtherapy.org
- British Association of Play Therapists, www.bapt.info

참고문헌과 추천도서

American Psychological Association. (2013). *Diagnostic and statistical manual of mental disorders* (5th ed.). Washington, DC: Author.

Association for Play Therapy. (2015). *Paper on Touch*. Available: www.a4pt.org

Attwood, T. (2006a). *Asperger's and girls*. Arlington: Future Horizons.

Attwood, T. (2006b). *Asperger's syndrome*. Philadelphia: Jessica Kingsley Publishers.

Attwood, T. (2007). *The complete guide to Asperger's syndrome*. Philadelphia: Jessica Kingsley Publishers.

Bass, J. D., & Mulick, J. A. (2007). Social play skill enhancement of children with autism using peers and siblings as practitioners. *Psychology in the Schools*, 44(7), 727–735.

Berger, L. R. (1980). The Winnicott Squiggle Game: A vehicle for communicating with the school-aged child. *Pediatrics*, 66(6), 921–924.

Booth, P. B., & Jernberg, A. M. (2010). *Theraplay*. San Francisco, CA: Jossey-Bass.

Brady, L. J., Gonzalez, A. X., Zawadzki, M., & Presley, C. (2011). *Speak, move, play and learn with children on the autism spectrum*. Philadelphia, PA: Jessica Kingsley Publishers.

Bratton, S. C., Ray, D., Rhine, T., & Jones, L. (2005). The efficacy of play therapy with children: A meta-analytic review of treatment outcomes. *Professional Psychology: Research and Practice*, 36, 376–390.

Cavett, A. M. (2010). *Structures play-based interventions for engaging children and adolescents in therapy*. West Conshohocken, PA: Infinity Publishing.

Centers for Disease Control. (2014). *Autism spectrum disorders*. Atlanta, GA: Author.

Coplan, J. (2010). *Making sense of autistic spectrum disorders*. New York: Bantam Books.

Cross, A. (2010). *Come and play: Sensory integration strategies for children with play challenges*. St. Paul, MN: Redleaf Press.

Dawson, G., McPartland, J., & Ozonoff, S. (2002). *A parent's guide to Asperger's syndrome and high functioning autism*. New York: The Guilford Press.

Delaney, T. (2009). *101 games and activities for children with autism, Asperger's, and sensory processing disorders*. New York: McGraw Hill.

Dienstmann, R. (2008). *Games for motor learning*. Champaign, IL: Human Kinetics.

Drewes, A. A. (2009). *Blending play therapy with cognitive behavioral therapy*. New Jersey: John Wiley and Johns Inc.

Exkorn, K. S. (2005). *The autism sourcebook*. New York: HarperCollins Publishers.

Gallo-Lopez, L., & Rubin, L. C. (2012). *Play based interventions for children and adolescents with autism spectrum disorders*. New York: Routledge.

Gil, E. (1994). *Play in family therapy*. New York: The Guilford Press.

Goldberg, L. (2013). *Yoga therapy for children with autism and special needs*. New York: W. W. Norton & Company.

Grandin, T. (2006). *Thinking in pictures*. New York: Random House.

Grant, R. J. (2012). *Parent-led social skills groups*. Springfield: Robert Jason Grant Ed.D Publishing.

Grant, R. J. (2016). *AutPlay therapy handbook*. Springfield: Robert Jason Grant Ed.D Publishing.

Greenspan, S., & Wieder, S. (2006). *Engaging autism*. Cambridge, MA: Da Capo Press.

Griffin, S., & Sandler, D. (2010). *Motivate to communicate*. Philadelphia, PA: Jessica Kingsley Publishers.

Hull, K. B. (2011). *Play therapy and Asperger's syndrome*. Lanham, MD: Jason Aronson.

Jernberg, A. M., & Booth, P. B. (2001). *Theraplay: Helping parents and children build better relationships through attachment-based play*. New Jersey: John Wiley and Sons Inc.

Josefi, O., & Ryan, Y. (2004). Non-directive play therapy for young children with autism: A case study. *Clinical Child Psychology and Psychiatry, 9*, 533–551.

Kenny-Noziska, S. (2008). *Techniques, techniques, techniques: Play based activities for children, adolescents, and families*. West Conshohocken, PA: Infinity Publishing.

Knell, S. M. (1997). *Cognitive behavioral play therapy*. Lanham, MD: Rowman and Littlefield.

Kuypers, L. (2011). *The zones of regulation*. San Jose: Think Social Publishing.

Landreth, G. L. (1991). *Play therapy: The art of the relationship*. Muncie, IN: Accelerated Development Inc. Publishers.

Laushey, K., & Heflin, L. J. (2000). Enhancing social skills of kindergarten children with autism through the training of multiple peers as tutors. *Journal of Autism and Developmental Disorders, 30*(3), 183–193.

Levine, K., & Chedd, N. (2007). *Replays*. Philadelphia: Jessica Kingsley Publishers.

Lindaman, S., & Booth, P. B. (2010). Theraplay for children with autism spectrum disorders. In P. B. Booth and A. M. Jernberg (Eds.), *Theraplay: Helping parents and children build better relationships through attachment-based play* (3rd ed., pp. 301–358). San Francisco: Jossey-Bass.

Lowenstein, L. (1999). *Creative interventions for troubled children and youth*. Toronto, ON: Champion Press.

Lowenstein, L. (2002). *More creative interventions for troubled children and youth*. Toronto, ON: Champion Press.

Lowenstein, L. (Ed.). (2008). *Assessment and treatment activities for children, adolescents, and families: Practitioners share their most effective techniques*. Toronto, ON: Champion Press.

Lowenstein, L. (Ed.). (2010). *Assessment and treatment activities for children, adolescents, and Families. Volume 2: Practitioners share their most effective techniques*. Toronto, ON: Champion Press.

McIntyre, T. (2014). *Behavior Advisor*. Available: www.behavioradvisor.com

Moor, J. (2008). *Playing, laughing and learning with children on the autism spectrum*. Philadelphia, PA: Jessica Kingsley Publishers.

Notbohm, E., & Zysk, V. (2004). *1001 great ideas for teaching and raising children with autism spectrum disorders*. Arlington, TX: Future Horizons.

Parker, N., & O'Brien, P. (2011). Play therapy reaching the child with autism. *International Journal of Special Education, 26*, 80–87.

Phillips, N., & Beavan, L. (2010). *Teaching play to children with autism*. Thousand Oaks: Sage Publications.

Ray, D. (2011). *Advanced play therapy: Essential conditions, knowledge, and skills for child practice*. New York: Routledge.

Rogers, S. J., & Dawson, G. (2010). *Early Start Denver Model for young children with autism*. New York: The Guilford Press.

Ross, R. H., & Roberts-Pacchione, B. (2007). *Wanna play*. Thousand Oaks, CA: Corwin Press.

Schaefer, C. E. (2003). *Foundations of play therapy*. New Jersey: John Wiley and Sons Inc.

Schaefer, C. E., & Kaduson, H. G. (2010). *101 favorite play therapy techniques volume II*. Lanham, MD: Jason Aronson.

Sherratt, D., & Peter, M. (2002). *Developing play and drama in children with autistic spectrum disorders*. London: Fulton.

Sicile-Kira, C. (2004). *Autism spectrum disorders*. New York: The Berkley Publishing Group.

Sicile-Kira, C. (2006). *Adolescents on the autism spectrum*. New York: The Berkley Publishing Group.

Sohn, A., & Grayson, C. (2005). *Parenting your Asperger child*. New York: Penguin Group.

Stillman, W. (2005). *The everything parents guide to children with Asperger's syndrome*. Avon: Adams Media.

Stillman, W. (2007). *The autism answer book*. Naperville: Sourcebooks, Inc.

Thornton, K., & Cox, E. (2005). Play and the reduction of challenging behavior in children with ASD's and learning disabilities. *Good Autism Practice*, 6(2), 75–80.

VanFleet, R. (2013). *Filial therapy: Strengthening parent-child relationships through play*. Sarasota: Professional Resource Press.

찾아보기

··········
지은이

Robert Jason Grant

Ed.D, LPC, CAS, RPT-S인 저자는 인증된 전문 상담자이고 National Borad Certified Counselor, Registered Play Therapist Supervisor이며 Certified Autism Specialist이다. Grant 박사는 미국상담협회, 놀이치료협회, 미국정신건강상담자협회, 그리고 미국 자폐증협회의 회원이다. 그는 웹사이트 RobertJasonGrant.com에서 Certified AutPlay Therapy Provider로 상담자 훈련을 하고 있고, 미주리에 있는 개인 상담실에서 아동, 청소년, 성인, 부부, 그리고 가족들을 상담하고 있다.

....
옮긴이

유미숙

숙명여자대학교 아동복지학부 교수

숙명여자대학교 박사(아동상담 전공)

미국 Fairleigh Dickinson University에서 Play Therapy Seminars 과정 이수

한국놀이치료학회 공인 놀이치료전문가

한국상담심리학회 공인 상담심리전문가

APT 공인 Registered Play Therapist & Supervisor

전) 한국놀이치료학회 회장

저서 : 「놀이치료의 이론과 실제」

역서 : 「놀이와 아동발달」(공역), 「보드게임을 활용한 아동의 심리치료」(공역), 「아동
문제별 놀이치료」(공역), 「집단놀이치료」(공역), 「놀이프로파일」(공역) 외 다수

이영애

숙명여자대학교 심리치료대학원 놀이치료학과 조교수

숙명여자대학교 박사(아동상담 전공)

미국 Family Enhancement and Play Therapy Center에서 Play Therapy Seminars 과정 이수

한국놀이치료학회 공인 놀이치료전문가

전) 원광아동상담센터 소장

전) 한국놀이치료학회 회장

역서 : 「보드게임을 활용한 아동의 심리치료」(공역), 「놀이프로파일」(공역) 등

김지은

숙명여자대학교 심리치료대학원 놀이치료학과 겸임교수

숙명여자대학교 박사(아동심리치료 전공)

미국 Family Enhancement and Play Therapy Center에서 Play Therapy Seminars 과정 이수

원광아동상담센터 부소장

한국놀이치료학회 공인 놀이치료사